Wolfgang Sofsky

Das Prinzip Sicherheit

S. Fischer

Satz: H & G Herstellung, Hamburg
Druck und Bindung: Clausen & Bosse, Leck
Printed in Germany
ISBN 3-10-072710-X

Inhalt

I. Katastrophen

Am Morgen des 1. November 1755 waren viele Einwohner Lissabons in die Kirche gegangen, um Allerheiligen zu feiern. Gegen halb zehn Uhr erzitterte die Erde, dann erschütterten drei schwere Stöße die Stadt. Durch die engen Gassen liefen die Menschen um ihr Leben. Ganze Straßenzüge stürzten – wie Wellen aus Stein – in sich zusammen. Der Ozean hatte sich kurzzeitig von der Küste zurückgezogen. Doch plötzlich stürmte eine gigantische Flutwelle auf die Stadt zu und riß Schiffe, Docks und Gebäude in die tobenden Strudel. Wer an den Marmorkais Rettung gesucht hatte, verschwand für immer im Meer. In den zerstörten Häusern lösten Lampen und Herdfeuer einen Flächenbrand aus. Drei Tage wütete das Feuer. Am Ende lagen zwei Drittel der Stadt in Trümmern, 30 000 Menschen waren tot. Das Seebeben war noch an der britischen Atlantikküste zu spüren.

Die Katastrophe zerstörte nicht nur die viertgrößte Handelsstadt Europas. Sie erschütterte auch den Glauben an Gottes Gerechtigkeit und den Fortschritt der Zivilisation. Noch Jahrzehnte später galt das Beben von Lissabon als Menetekel der Epoche. Die Regierungen jedoch reagierten besonnen. Das englische Parlament gewährte eine Soforthilfe von 100 000 Pfund für den in Not geratenen Handelspartner. Die Börse ließ die portugiesischen Wechsel nicht platzen. Beim Wiederaufbau schlug man schnurgerade Straßen durch die Trümmerwüste und begrenzte die Geschoßhöhe der Neubauten. Das neue Lissabon wurde zu einer der modernsten Städte seiner Zeit.

Wellen

Am Vormittag des 24. Oktober 1929 sperrte die Polizei das Finanzviertel an der Wall Street ab, um eine aufgebrachte Menschenmenge fernzuhalten. Tags zuvor waren die Kurse stark gefallen, die Händler hatten die Nacht über gearbeitet, um die Rückstände aufzuholen. Als um zehn Uhr der Gong ertönte, wechselten in der ersten halben Stunde 1,6 Millionen Aktien den Besitzer. Viele Anleger gerieten in Not, da ihnen die Banken die Kredite gekündigt hatten. Eine hektische Verkaufswelle setzte ein. Kurz vor elf Uhr wurden die Papiere ohne Limit auf den Markt geworfen. Händler boxten sich auf dem Parkett den Weg frei, um in dem Chaos noch eine Handvoll Aktien an den Mann zu bringen. Jede Minute brachte neue Verluste. Mehrmals brach der Handel wegen Überlastung zusammen. Bis ein Uhr hatten sich 11,25 Milliarden Dollar in Luft aufgelöst. Kurz nach Mittag fand eine Krisensitzung führender Bankhäuser statt. Man einigte sich, den Kurs der wichtigsten Aktien zu stützen, um die Lage zu beruhigen. Wenig später tauchte der Vizepräsident der New Yorker Börse auf dem Parkett auf und erteilte demonstrativ einige Kaufaufträge. Aber die Erholung währte nur kurz. Bis Börsenschluß waren fast 13 Millionen Aktien verkauft, das Vierfache des normalen Tagesvolumens.

Dem »Schwarzen Donnerstag« folgten weitere düstere Tage. Der Montag brachte einen Verlust von 14 Milliarden Dollar. Am Dienstag kam es noch schlimmer. In den ersten Minuten fielen einige Werte alle zehn Sekunden um einen Dollar. Auf dem Parkett kam es zu einer Prügelei. Um die Wall Street herum drängten sich rund 10 000 Menschen. Zeitungsjungen liefen umher und priesen ihre Blätter mit den Worten an: »Lest und weint!«. Um 17.32 Uhr lautete die letzte Notierung des Tickers: »Gesamtumsatz heute 16 410 000 Aktien. Gute Nacht.«

Die Tage des Oktober 1929 waren nur der Anfang des großen Börsenkrachs. Die Baisse nährte die Baisse. Erst im Juli 1932 erreichte der Index seinen tiefsten Punkt, 89 Prozent unter dem Höchststand vom September 1929. Zahllose Unternehmen waren bankrott, darunter vierzig Prozent der amerikanischen Banken. Doch der Kurssturz war nur der Auslöser, nicht die Ursache der Depression. Mitte 1930 brachen Konsum und Investitionen dramatisch ein. Überkapazitäten trieben die Preise nach unten. Überschuldung und Entlassungen forcierten den Niedergang. Bis 1932 ging die Industrieproduktion um 40 Prozent zurück, in den USA halbierte sich die Automobilfertigung. Die Arbeitslosenrate betrug rund 25 Prozent, in Deutschland zeitweise sogar 44 Prozent. In England fiel die Kohleförderung um ein Fünftel, in vielen Bergwerksgemeinden waren fast alle Männer ohne Arbeit. Der Schiffbau sank auf sieben Prozent des Vorkriegsstandes, die Preise für Tee und Weizen fielen um zwei Drittel, der Preis für Rohseide um drei Viertel. In Brasilien suchten die Besitzer von Kaffeeplantagen die Krise zu meistern, indem sie die Lokomotiven ihrer Eisenbahnen mit Kaffee statt mit Kohle beheizten. In den Industriestädten bevölkerten Arbeitslose die

Straßen, lange Schlangen bildeten sich vor den Suppenküchen.

Für Jahrzehnte zerstörte die »Große Depression« den wirtschaftlichen Liberalismus. England schaffte 1931 den Freihandel ab, der seit den 1840er Jahren als unantastbare Errungenschaft des Empire gegolten hatte. Viele Länder sagten sich vom Goldstandard als Basis der Wechselkurse los. Wohlfahrtspolitik, Schutzzölle und Protektionismus blockierten den globalen Handel. In den USA wurde die soziale Sicherheit zur Leitidee des »New Deal«. In Deutschland begünstigte das Massenelend den Aufstieg des Nationalsozialismus.

Explosionen

In der Nacht zum 26. April 1986 simulierte man im Block IV des ukrainischen Kernkraftwerks Tschernobyl einen Störfall, um die Stromkapazität der auslaufenden Turbinen zu testen. Hierfür wurde der automatische Havarieschutz außer Funktion gesetzt. Obwohl Druck und Spiegel des Kühlwassers heftig schwankten, schaltete die Bedienungsmannschaft die Pumpen ab. Im Reaktorkern begann das Wasser zu sieden, die Uranstäbe erhitzten sich, und obwohl erste hydraulische Schläge zu hören waren, ignorierte man alle Warnsignale. Als der Strom abgeschaltet war und nur noch die Auslaufenergie der Turbine die Kühlpumpen antrieb, stiegen Temperatur und Leistung des Reaktors jäh an. 36 Sekunden nach Schließen der Pumpen wurde per Hand die Notabschaltung ausgelöst, 18 Sekunden später zerriß eine mächtige Knallgasexplosion den Reaktor. Die Belademaschine für die Brennstäbe krachte auf den freiliegenden Kern, Druckröhren barsten, der Graphitblock geriet in Flammen, die Brennstäbe schmolzen, der Reaktor »ging durch«. Zwei heftige Explosionen zerstörten den oberen Teil des 64 Meter hohen Reaktors mitsamt der rund 1000 Tonnen schweren Abdeckplatte. Ein Viertel des Kernbrennstoffs sowie alle flüchtigen Spaltprodukte wurden in die Luft geschleudert. Der Brand trieb die radioaktive Fracht 1500 Meter hinauf in die Atmosphäre. Glühende Teile entzündeten die Teerpappe auf dem Dach des benachbarten Blocks III.

36 Stunden nach dem Unfall evakuierte man die drei Kilometer entfernte Kraftwerkssiedlung Pripjat, eine 30-Kilometer-Zone um den Reaktor wurde zur Sperrzone erklärt. Hubschrauber warfen Sand, Stahl, Bor, Blei und Lehm auf den brennenden Reaktor. Am 8. Mai begann die Verschikkung von 250 000 Kindern aus Kiew. In der Gegenrichtung wurden Hunderttausende junge Soldaten und Studenten nach Tschernobyl gebracht. Sie entgifteten das Kraftwerk und errichteten den Sarkophag, der den strahlenden Reaktor bis heute umgibt.

Die Folgen des Unfalls sind umstritten. Die sowjetischen Behörden spielten das Ereignis herunter und betrieben Geheimpolitik. Die Nachfolgestaaten neigen zur Dramatisierung, um internationale Finanzhilfen zu erhalten. Die Rückkehrer fristen in der Sperrzone, aus der im Laufe der Jahre knapp 350 000 Menschen evakuiert wurden, ein tristes Leben in Armut. Atomgegner und Umweltverbände schätzten die Zahl der toten oder strahlenkranken Opfer auf über 100 000, die »Internationale Atomenergie Agentur« bezifferte die Todesfälle zuletzt mit 31. Unstrittig ist ein deutlicher Anstieg von Schilddrüsenkrebs, Immunschwäche und Lymphknotenschwellungen. Inwiefern der miserable Gesundheitszustand der Bevölkerung auf die Verstrahlung oder das Elend der Zwangsumsiedlung zurückgeht, ist offen.

Die Auswirkung der radioaktiven Wolke auf Westeuropa wurde indes heillos übertrieben. Tschernobyl wurde zum Symbol für das Risiko moderner Industriegesellschaften. Proteste gegen die Atomenergie fanden breiten Widerhall. In manchen Milieus grassierten apokalyptische Ängste, obgleich die Wahrscheinlichkeit, bei einem Reaktorunfall verletzt zu werden, um viele Größenordnungen geringer ist als der Tod im täglichen Straßenverkehr. Das Gefühl relativer Sicherheit wich einer diffusen Angst vor den Destruktivkräften moderner Technik.

9/11

Es war ein strahlendblauer Morgen, als um 8.46 Uhr eine Boeing 767 mit 630 Stundenkilometern in den Nordturm des World Trade Centers raste. Bevor das Kerosin explodierte, war an der Fassade noch der Umriß des Flugzeugs zu erkennen. Ein dumpfes, saugendes Geräusch fuhr durch das Gebäude. Aus der Fassade schoß ein riesiger Feuerball hervor, die Tanks zerplatzten, und die Gischt überzog die nahen Büroräume mit einem Film aus Treibstoff. Trümmerteile durchschlugen die Treppenhäuser und kappten die Seile der Fahrstühle. Wer sich oberhalb des 96. Stockwerks aufhielt, saß in der Falle. Um 9.03 Uhr bohrte sich eine zweite Maschine in den Südturm. Sie traf den Wolkenkratzer in starker Kurvenlage, so daß sie nicht vom Kern des Gebäudes, sondern nur von einer Ecke aufgehalten wurde. Über ein intaktes Treppenhaus konnten daher auch Menschen entkommen, die sich oberhalb der Einschlagstelle befanden. Vom Nordturm sprangen Eingeschlossene in die Tiefe, Windböen trieben die Körper vom Gebäude ab. Um 10.05 Uhr brach der Südturm, um 10.28 Uhr der Nordturm in sich zusammen. Das schneidende Grollen drang den Überlebenden durch Mark und Bein. 15 Sekunden dauerte es, bis die oberen Etagen der Hochhäuser am Boden aufprallten. Eine Wolkenwand aus Kalk und Asbest wälzte sich durch die Straßenschluchten und füllte die Atemluft mit Staub.

Die Anschläge des 11. September 2001 zielten gegen die Zentren des Weltmarktes und der Weltmacht. 2752 Menschen wurden getötet, darunter 343 Feuerwehrleute und 62 Polizisten. Die Opfer verdampften, verbrannten, erstickten, zerschellten, wurden von Trümmern erschlagen oder in Stücke zerfetzt. Entsetzen und Trauer schweißten die Nation zusammen. Zwar kehrte der Alltag rasch zurück. Arbeit, Handel und Verkehr wurden alsbald wiederaufgenommen. Aber der Schock saß tief. Viele Flugreisen wurden storniert, die Menschen mieden öffentliche Plätze, nicht wenige kehrten erst nach Monaten an den Ort des Massakers zurück. Die Behörden verschärften sogleich die Kontrollen und erließen neue Vorschriften. Die Börse reagierte mit einer zeitweiligen Baisse. Unternehmen verschoben Investitionen. Das Militär schlug alsbald zurück, zerstörte im Bergland von Afghanistan die Trainingslager der Attentäter und drängte das Regime der Taliban zurück.

Der Angriff auf New York und Washington markiert einen Einschnitt in der Geschichte der Gewalt. Er bezeichnet den Übergang vom Terrorismus zu einer neuen Form des Krieges. Der alte Kalkül der Provokation ist aufgehoben. Die Attacke zielte auf die Vernichtung von Menschen in großer Zahl. Sie sollte den Gegner in seinem strategischen Schwerpunkt treffen und Schrecken über den gesamten Erdball verbreiten. Mittlerweile hat die Offensive islamistischer Gruppen gegen den Westen auf weitere Regionen übergegriffen. Auf New York folgten Nairobi, Bali, Jakarta, Djerba, Casablanca, Istanbul, Moskau, Bagdad, Madrid, Beslan, Taba. Bis Ende 2004 wurden über 400 Anschläge in Regionen registriert, die sich offiziell nicht im Kriegszustand befanden. Dabei starben Tausende. Trotz aller Kontrollen ist kein Flugzeug und keine Bahnlinie, keine Gesandtschaft, keine Bankfiliale, keine Straßenkreuzung, kein Ferienort vor dem Terror sicher.

Das Verhängnis

Die Bedeutung einer Katastrophe bemißt sich nicht allein an der Zahl der Opfer. Es gab Erdbeben, die weit mehr Menschenleben kosteten als der Untergang von Lissabon und dennoch das Gemüt der Zeitgenossen weit weniger verstörten. Auf den Schlachtfeldern Europas und Asiens starben Hunderttausende US-Soldaten, aber nichts hat das Sicherheitsgefühl der Vereinigten Staaten derart erschüttert wie der Anschlag in New York. Die Wirtschaftsgeschichte der Neuzeit kennt mehrere Depressionen und Börsenkräche, aber keine Krise hat sich dem Gedächtnis so eingeprägt wie jene der 30er Jahre. Die beschleunigte Erwärmung der Erdatmosphäre dürfte Folgen zeitigen, welche die Havarie von Tschernobyl in der Rückschau als kleinen Betriebsunfall erscheinen lassen werden. Die Wirkungen einer Katastrophe haben mit ihrem Alarmwert oft wenig zu tun. Der Sinn der Zerstörung ergibt sich nämlich aus der Zeitstruktur eines Desasters, seiner Reichweite und aus der Imaginationskraft der Menschen.

Manche Katastrophen verlaufen langsam und lassen Zeit zur Gewöhnung. Seuchen, Bürgerkriege, Wirtschaftskrisen oder Hungersnöte untergraben den Alltag allmählich. Sie dauern an, steigern sich, bis das finale Stadium erreicht ist. Chronische Katastrophen sind Prozesse, keine Ereignisse. Solange den Menschen Zeit bleibt, können sie sich auch den widrigsten Umständen anpassen. Sie richten sich ein, suchen sich eine Nische zum Überleben, begnügen sich mit dem, was erreichbar ist. Manchen gelingt noch die Flucht in einen sicheren Landstrich.

Diese Chance läßt eine plötzliche Katastrophe nicht. Sie verbreitet Panik von einer Sekunde zur anderen. Explosionen, Attentate, Massaker oder Flutwellen geschehen abrupt. Es mag Vorzeichen oder Warnungen gegeben haben, doch die Wucht des Ereignisses übertrifft alle Befürchtungen. Von Art und Ausmaß solcher Katastrophen haben die Menschen zuvor weder eine Anschauung noch eine Vorstellung. Auf einmal ist die Welt aus den Fugen. Der Lauf der Zeit ist unterbrochen. Schlagartig wird die Geschichte in eine neue Bahn gezwungen. Wie ein Verhängnis bricht das Unheil herein und löscht das Prinzip Hoffnung. Der Schlag des Schicksals bezeichnet die Grenzen menschlicher Macht. Er lähmt Willen, Vertrauen und Handlungskraft. Bei den Überlebenden hinterläßt er eine tiefe Verletzung, nicht nur wegen des Verlustes naher Angehöriger. Auch wenn die Wunden vernarbt sind und mit dem Wiederaufbau alsbald begonnen wird, das Trauma der Ohnmacht verheilt nicht. Hinterher ist nichts mehr, wie es war. Jeder ahnt, daß alles möglich ist. Aber manchmal dauert es Jahre, ehe man zu begreifen beginnt, was sich zugetragen hat.

Der Wille zur Normalität

Aus sicherer Entfernung wirken Katastrophen wie ein tragisches Spektakel des Untergangs. Bei den Zuschauern erzeugen die Bilder der Not nur eine kurzzeitige Verstörung, eine Regung des Mitleids, der Ratlosigkeit vielleicht. Anders als die Überlebenden wissen sie sich in Sicherheit. Den Zaungästen des Unglücks droht keine Gefahr. Ihr Wille zur Normalität ist unverwüstlich. Risse im Sicherheitsgefühl werden rasch gekittet, mit Ablenkungen, Gewohnheiten oder obskuren Theorien über die Ursachen des Desasters. Solange das Unheil nicht näher rückt, bleibt es seltsam unwirklich. Es scheint einer anderen Welt anzugehören. Obwohl Katastrophen noch die düstersten Ahnungen übertreffen, ist das Bollwerk der Normalität nur schwer zu erschüttern. Viele begreifen ein Unglück erst, wenn es den eigenen Reizschutz durchschlagen hat. Der ferne Beobachter ist in einer komfortablen Lage. Solange seine Sinne nicht direkt affiziert sind, braucht er die Gefahr nicht wahrzuhaben. Nach kurzer Besinnungspause kehrt er zur Tagesordnung zurück.

Daß Menschen aus Katastrophen sehr viel lernen, ist daher nichts als ein frommer Wunsch. Zwar wurden Frühwarnsysteme entwickelt, damit sich die Anwohner bei Vulkanausbrüchen, Seebeben oder Wirbelstürmen rechtzeitig in Sicherheit bringen können. Zentralbanken stellen bei einem plötzlichen Kurssturz sofort billiges Geld zur Verfügung. Einlagensicherung, Banken- und Börsenaufsicht verzögern den Ruin, und eine antizyklische Fiskalpolitik kann deflationäre Tendenzen abbremsen. Die Kontrollen der Kernkraftwerke wurden verschärft und die Technik vielerorts verbessert. Den Krieg gegen den Terror hat man zu einer Frage der internationalen Sicherheit erklärt. Einige Nationen haben die

Arbeit der Geheimdienste reformiert oder Truppen in die Regionen des Terrors entsandt.

Dennoch sind die Lernerfolge bescheiden. Wer nichts tun will, spielt eine akute Bedrohung herunter. Die natürlichen Destruktivkräfte sind ohnehin meist nicht zu bändigen. Historische Desaster enden meist in einem Streit um Schuld und Vergeltung. Unheil macht Menschen zuweilen klüger, aber nicht besser. Ein moralischer Fortschritt des Gattungswesens ist nirgends in Sicht. Mit vergangenem Unglück verhält es sich wie mit allen geschichtlichen Ereignissen. Es ist eine Eigenschaft des menschlichen Geistes, daß Beispiele keinen bessern. Das Unglück der Väter ist für ihre Kinder vergessen. Jede Generation muß ihre eigenen Erfahrungen des Unheils machen.

Katastrophen führen vor Augen, wie unsicher die Fundamente sind, auf denen die Menschen ihre Welt errichtet haben. Sicherheit ist das Grundproblem des Gattungswesens. Es gibt keinen Bereich des Lebens, in dem sich der Mensch nicht schützen müßte. Die Gesellschaft bedroht ihn mit dem sozialen, die Wirtschaft mit dem ökonomischen, Staat, Krieg und Terror mit dem physischen Tod. Die Angst formt seinen Geist, seine Seele, sein Handlungsvermögen. Vom Umgang mit den Gefahren, den Institutionen der Sicherheit und deren Kosten handelt dieses Buch.

II. Gefahren, Wagnisse

Drei Übel lasten auf dem Dasein der Menschen. Katastrophen zerstören ihre Welt, Gefahren überschatten ihre Zukunft, und Risiken sind der Preis ihres Handelns. Katastrophen brechen herein, Gefahren stehen bevor. Eine Katastrophe ist überwältigende Wirklichkeit, eine Gefahr nur eine künftige Möglichkeit. Daher lassen sich manche Gefahren noch bannen. Gegen den Einschlag eines Asteroiden ist nichts auszurichten, gegen die nächste Flut jedoch lassen sich Dämme errichten. Drohendes Elend kann man mit rechtzeitiger Hilfe mildern, und gegen Terrorzirkel kann man die Überwachung verschärfen. Einer Massenpanik auf der Straße ist der einzelne ausgeliefert, einer Verkaufspanik an der Börse kann er mit Klugheit und Augenmaß entgehen. Obwohl manche Bedrohung unabwendbar erscheint, obliegt ihre Abwehr menschlicher Verantwortung. Schutzmaßnahmen zu unterlassen und Vorsichtsregeln zu verletzen, gilt als Fahrlässigkeit. Unachtsamkeit wird als Schuld angerechnet und bestraft. Nicht die Aktion, sondern die Unterlassung der Prävention zählt bei absehbaren Gefahren als Kriterium der Verantwortung.

Risiko und Verantwortung

Anders verhält es sich bei Wagnissen. Gefahren ist man ausgesetzt, Risiken geht man ein. Gefahren sind mögliche Ursachen für Schäden. Ihnen vorzubeugen ist weit schwieriger, als Risiken zu vermeiden. Gefahren wehrt man mit präventiver Aktion, gegen Risiken hilft bereits strikte Unterlassung. Denn Risiken werden durch die menschliche Initiative erst erzeugt. Wer es darauf ankommen läßt, stellt sich einer Gefahr nicht entgegen, sondern fordert sie heraus. Er verrechnet die Chancen mit den Nachteilen und spekuliert auf ein Quentchen Glück. Läßt man jedoch die Chance verstreichen, erspart man sich auch das Risiko. Ein Wagnis ist eine Handlung, die mögliche Schadensursachen erst in Gang setzt. Kosten infolge eigenen Tuns sind aber stets vermeidbar. Nichtstun war immer schon das sicherste Mittel gegen Unheil und Verantwortung.

Wo keine Gefahren sind, gibt es auch keine Risiken. Aber nicht jede Gefahr bedeutet auch ein Risiko. Denn das Risiko erwächst aus einem bewußten Wagnis. Für die Folgen haftet allein der Akteur. Aus diesem Grunde können Risiken überhaupt zum Streitfall werden. Für ein Unglück oder eine Naturkatastrophe kann niemand schuldig gesprochen werden. Ein Wagnis indes kann teuer zu stehen kommen. Um sich der Verantwortung zu entledigen, werden Risiken daher oftmals nachträglich in unverschuldetes Pech umgedeutet. Diese Verleugnung entlastet von kostspieliger Folgehaftung und verschiebt die Urheberschaft auf mißliche Umstände.

Da Menschen nicht allein leben, birgt das Risiko des einen oft eine Gefahr für andere. Wer allein die Wüste Gobi durchquert oder regelmäßig mit einem Motorrad durch die menschenleere Todeszone von Tschernobyl braust, setzt nur sein eigenes Leben aufs Spiel. Jugendliche, die bei nächtlichen Autorennen Kopf und Kragen riskieren, gefährden nicht nur sich selbst, sondern auch Unbeteiligte. Eine Investition mit dürftigen Gewinnchancen ist nicht nur ein Risiko für den Kapitaleigner, sondern auch eine Gefahr für die Arbeitsplätze. Chemiewerke ohne die nötigen Sicherheitsvorkehrungen können bei einem Unfall einen ganzen Landstrich vergiften. Riskante Aktivitäten pflegen Gefahren für Dritte heraufzubeschwören, die von der brisanten Operation oft gar nichts wußten, geschweige denn daran mitgewirkt haben.

Gleichwohl sind viele Vorteile nur zu erzielen, wenn man etwas aufs Spiel setzt. Risiken sind nicht zu verwechseln mit den Kosten, die man vorab gegen den Nutzen verrechnet. Die Risikobewertung widmet sich vielmehr einer Handlung, die man bereuen wird, sofern der Schaden eintritt, den man zu vermeiden hoffte. Eine Kostenrechnung beruht auf relativ sicheren Prognosen. Wagnisse muß man ohne solche Voraussagen eingehen. Wüßte man, was der Fall sein wird, ginge man gar kein Wagnis ein. Wäre die Zukunft bekannt, gäbe es weder Risiken noch Entscheidungen. Alternativen existierten gar nicht. Nur Nichtwissen ermöglicht Entscheidungen. Weil Menschen die Zukunft gar nicht kennen können, sind Entschlüsse notwendig – und Risiken unvermeidlich.

Normale Gefahren

Restlose Sicherheit ist eine Illusion. Zeit ihres Lebens sind Menschen von Gefahren umstellt. Kaum ein Verhalten ist gänzlich ohne Risiko. Man kann den falschen Beruf ergreifen, sich falschen Freunden anvertrauen oder den falschen Ehepartner wählen. Man kann den Arbeitsplatz oder das Vermögen verlieren, sich beim Sport die Knochen brechen oder sich beim Seitensprung mit Aids infizieren. Man kann mit einem Flugzeug abstürzen, von einem Erdrutsch verschüttet werden oder beim Fensterputzen von der Leiter fallen.

Jeder Tagesablauf birgt gewisse Risiken. Auf dem Weg zur Arbeit kann sich ein Unfall ereignen, Lebensmittel können mit Giftstoffen belastet sein, Arzneien können paradoxe Wirkungen hervorrufen. Während des Schlafes, wenn alles Handeln pausiert, stellen sich gelegentlich Alpträume ein, welche dem Betroffenen derart aufs Gemüt schlagen, daß er frühmorgens in der Wohnung stolpert und sich den Kopf aufschlägt. Im Kreislauf des Alltags lauern unzählige Gefahren. Wäre man sich ihrer bewußt, müßte man das Handeln ganz einstellen. Wer jegliches Risiko vermeiden wollte, der dürfte sich nicht mehr aus dem Bett wagen, obgleich man bekanntlich auch dort vom Tod überrascht werden kann.

Der menschliche Körper ist gefährdet durch Hinfälligkeit, Krankheit und Verletzung. Trotz innerer und äußerer Panzerung ist er nahezu schutzlos natürlichen und sozialen Kräften ausgeliefert. Zwar nutzt man den Körper als Werkzeug des Handelns, aber er ist auch das Schmerzfeld des Leidens. Obwohl er ernährt und gepflegt, trainiert oder mit Ersatzteilen versehen wird, bleibt er von Verwundung und Tod bedroht. Davor sucht sich der Mensch zu schützen. Die anderen, die ihm gefährlich werden könnten, muß er sich vom Leibe halten. Gegenüber den Objekten seiner Umgebung muß er Vorsicht und Umsicht walten lassen. Es sind nicht nur die spitzen, scharfen und schweren Gegenstände, die den Organismus verletzen können. Und es sind auch nicht nur die Artefakte der modernen Technik, die Geräte, Maschinen und Anlagen, die eine Katastrophe auslösen können. Auch winzige Partikel und Moleküle, Gifte, Gase, Strahlen, Viren oder Bakterien können den menschlichen Körper zugrunde richten. Die Umwelt ist voll gefährlicher Objekte. Wasser, Luft und Erde können zu Todesursachen werden. Werkzeuge und Waffen, Öltanker und Atommeiler, Eisenbahnen und Automobile, Küchengeräte und Lebensmittel, Röntgenapparate und Klimaanlagen – auf der Liste der großen und kleinen Gefahren sind unzählige Dinge verzeichnet. Die Lebenswelt der Gattung ist eine Quelle stetiger Verletzungs- und Todesgefahr.

So zahlreich die Unwägbarkeiten, so vielfältig sind die Vorkehrungen. Viele Regeln und Objekte dienen ausschließlich der Gefahrenabwehr. Tempolimits, Verkehrsampeln oder Aufprallkissen sollen die Sicherheit im Straßenverkehr erhöhen. Blitzableiter oder doppelwandige Öltanks sollen häusliche Katastrophen verhindern. Maulkörbe schützen vor bissigen Hunden, Kondome vor sexuellen Infektionen und Schutzhelme vor herabfallenden Steinen. Zahllos sind die Vorschriften für die Hygiene von Restaurants, Schwimmbädern oder Krankenhäusern, für den Vertrieb von Chemikalien oder den Betrieb von Fertigungsstraßen. Ständig sind Aufsichtsbehörden damit beschäftigt, alte Sicherheitsstandards zu überprüfen und neue Grenzwerte zu erfinden. Ebenso eifrig sind manche Zeitgenossen darum bemüht, neue Risiken zu entdecken. Manch einer ist getrieben von dem Glauben, alle Gefahren umgehen und das Risiko auf Null verringern zu können – ein ebenso illusionäres wie kostspieliges Projekt. Wer alle Gefahren eliminieren wollte, der müßte den Lauf der Welt vollständig vorausbestimmen können. Nur eine geschlossene Zukunft könnte die Menschen vor bösen Überraschungen bewahren.

III. Kalkulation und Verleugnung

Ende Januar 1986 beschlossen die Einwohner von Kirjat Malachi, einer Gemeinde 35 Kilometer südöstlich von Tel Aviv, gemeinsam einen Tag des Fastens und Opferns zu begehen. In den Wochen davor waren in der kleinen Ortschaft sechs Menschen gestorben. Die besorgten Dorfbewohner konsultierten daraufhin einen bekannten Rabbi in Jerusalem, welcher ihnen erklärte, die Ursache all der Todesfälle sei eine Sünde, die in dem Ort begangen worden sei. Derart belehrt, machten sich die Dörfler daran, sich nach ihrer Übeltat umzusehen. Die Suche währte nicht lange: am Silvesterabend war im Dorfgemeinschaftshaus eine Striptease-Show veranstaltet worden. Dieser moralische Fehltritt soll, so glaubten sie offenbar, sechs Nachbarn das Leben gekostet haben. Zur Sühne erlegten sie sich einen Fastentag auf. Mit einer asketischen Übung tilgten sie ihre Schuld und erlösten sich von ihrer Todesangst. Seit je raten Autoritäten bei Untaten zum alten Brauch des Sühneopfers. Wenn das Sterben im Lande ist, besänftigen Weihegaben und Bußrituale den Zorn der Götter.

Unglücksfälle und Gefahren lassen Menschen nach Erklärungen und beruhigenden Informationen suchen. Früher eilten sie zu den Stätten des Orakels, zu Magiern, Priestern und Propheten, später pilgerten sie in die Wallfahrtsorte, heute besuchen sie Wahrsager, Berater, Experten oder landesweit bekannte Seelsorger. Unheil läßt sie nach Schuldigen suchen. Vor Gefahren möchten sie frühzeitig gewarnt werden, und Entscheidungen verlangen Hinweise auf Chancen und Risiken. In der alten Welt erkannten die Seher am Flug der Vögel, am Stand der Gestirne oder an der Leber eines Schlachtopfers den Wink des Schicksals. Jedes Ereignis konnte als Botschaft der Götter gelesen werden. Ob Gegenstände im Wasser schwimmen oder hinabsinken, ob eine Münze Kopf oder Zahl zeigt, welche Figuren eine Öllache auf der Wasserfläche bildet, welcher Baumzweig im Termitenhügel nachts von dem Getier aufgefressen wird – die findige Inszenierung des Zufalls half Menschen zu allen Zeiten, sich ein Gefühl von Sicherheit zu verschaffen.

Obwohl einige Zeichen inzwischen an Glaubwürdigkeit verloren haben, sind die Erklärungsprobleme dieselben geblieben. Unglück stürzt die Menschen in Ratlosigkeit. Wo liegt die Quelle des Übels, welche Kräfte müssen versöhnt, welche Urheber bestraft, welche Ursachen gefunden werden, um Rast von den Plagen zu finden? Welche Bedeutung hat das Unheil, wo liegt die Wurzel des Bösen? Da Diagnosen oft nur nachträgliche Erklärungen liefern, taugen sie weniger zur Abhilfe als zur Ermutigung. Nur zu gern möchten die Menschen das Böse dingfest machen und dem Schicksal ein persönliches Antlitz geben. Das Bestreben, für eine Katastrophe menschliche Fahrlässigkeit oder Bosheit verantwortlich zu machen, ist auch ein Versuch, die eigene Ohnmacht zu verleugnen. Indem man Hexenmeister und Medizinmänner, Ingenieure oder Politiker sinistrer Absichten beschuldigt, vermeidet man die Einsicht, daß jenseits menschlicher Kontrolle noch andere Kräfte am Werk sind.

Der Mensch ist nicht der Mittelpunkt des Universums, weder der natürlichen noch der sozialen Welt.

Glück oder Pech

Der Umgang mit Unsicherheiten ist alles andere als rational. Weniger die Sachlage als der Wunsch nach innerem Gleichgewicht bestimmt die Wahrnehmung. Risiken, die man selbst eingeht, werden mit Vorliebe beiseite geschoben. Gefahren, für die andere verantwortlich sind, bauscht man hingegen auf. Was ohnehin nicht zu verhindern ist, wird meist verdrängt, auch wenn es – wie ein Meteoriteneinschlag – keineswegs unwahrscheinlich ist. Was bisher gutgegangen ist, wird als Modell kurzerhand in die Zukunft projiziert. War eine waghalsige Unternehmung erfolgreich, glaubt man an die eigene Leistung oder vertraut seinem Glück. Ist auch der nächste Versuch von Erfolg gekrönt, versteht man kaum mehr, weshalb man anfangs derart vorsichtig war. Mißlingt jedoch ein Vorhaben, schiebt man die Pleite auf unglückliche Umstände. Geht auch das zweite Projekt schief, schleicht sich der Verdacht ein, vom Pech verfolgt zu sein. Die Bewertung eines Risikos steigt und fällt mit der Erfolgsquote und dem eigenen Selbstbewußtsein.

Wissen folgt den Absichten und Interessen. Zumeist suchen sich Menschen jene Informationen zusammen, die ihren Vorhaben entsprechen. Lukrative Chancen verführen dazu, etwaige Verluste zu unterschätzen und sich selbst zu überschätzen. Gefahren, die einen selbst betreffen, werden regelmäßig verkleinert, während derselbe Sachverhalt als brandgefährlich gilt, sofern er andere angeht. Manche Ärzte meiden – in einer Art von professionellem Unsterblichkeitswahn – die Untersuchungen am eigenen Leib, zu denen sie ihre Patienten zu Recht drängen. Auch umfassende Aufklärung garantiert mitnichten realistisches Verhalten. Wissen produziert keine Sicherheit. Denn je mehr man weiß, desto mehr weiß man, was alles man nicht weiß, und desto eher entwickelt sich das Gefühl, von Gefahren umstellt zu sein. Zu viel Wissen blockiert das Handeln, während Nichtwissen zwar nicht vor Schaden, wohl aber vor lähmender Angst bewahrt.

Die Kalkulation von Risiken gehorcht also keineswegs den Geboten der Vernunft. Gemeinhin errechnet man ein Risiko durch die Multiplikation der möglichen Schadenshöhe mit der Wahrscheinlichkeit eines Schadenseintritts. Doch wird diese Formel allenfalls zur nachträglichen Rechtfertigung verwendet. Entscheidungen erfolgen häufig nach Gespür und Neigung, nach zufälligen Eindrücken und Hinweisen. Kaum eine Dezision wird rational zu Ende gedacht. Es ist nicht so, daß das Risikos die Entscheidung bestimmt. Eher verhält es sich umgekehrt: Entscheidungen suchen sich diejenigen Risiken, welche noch akzeptabel sind. Nicht die korrekte Berechnung, sondern die subjektive Einschätzung künftiger Ereignisse steuert das Verhalten.

Unwahrscheinliches Unglück

Viele Zeitgenossen sind weit risikofreudiger, als es die kollektive Ängstlichkeit vermuten läßt. Raucher, Fallschirmspringer, Drachensegler, Automobilisten oder Alkoholiker spielen tagtäglich mit ihrer Lebenserwartung. Viele Bewohner der Wohlstandsinseln essen zuviel, bewegen sich zuwenig und sterben schließlich vor der Zeit. Menschen bauen ihre

Häuser am Fuße von Vulkanen, inmitten einer Erdbebenzone oder an Steilhängen, obwohl die nächste Katastrophe absehbar ist. Alle glauben sie, immun zu sein. Was sie kennen, erscheint ihnen kaum als Bedrohung. Was man freiwillig tut, kann unmöglich gefährlich sein. Das eigene Unglück ist nichts als eine Wahrscheinlichkeit. Der wahrscheinliche Tod indes läßt gleichgültig. Er hat kein erkennbares Gesicht. Daher sind alle besorgten Warnungen vor tödlichen Lastern letztlich umsonst. Staatlich verordnete Kampagnen zur Volksgesundheit finden ihre Grenzen am Wahn der Unsterblichkeit. Jeder denkt, daß es nicht ihn, sondern den Nachbarn trifft. Erst wenn ein Individuum den Tod direkt vor Augen hat, werden alle Rettungskräfte mobilisiert, um das Schicksal in letzter Minute noch abzuwenden.

Die Verleugnung der Unsicherheiten nutzt die Unsichtbarkeit späterer Schäden. Gefahren und Risiken entziehen sich der sinnlichen Anschauung. Radioaktiver Niederschlag, Virenattacken oder geruchlose Gifte verschärfen lediglich das Dilemma, das jeder Gefahr eigen ist. Es liegt in der Natur künftiger Ereignisse, daß man sie weder sehen noch hören kann. Nur das Gegenwärtige ist wirklich, und nur das Wirkliche ist Gegenstand des Wissens und der Sinne. Die Zukunft hingegen ist nur möglich. Was nicht der Fall ist, kann niemals Objekt der Anschauung sein. Vorzeichen sind nicht die Tatsachen selbst. Man kann künftige Ereignisse voraussagen, prophezeien oder mit guten Gründen erwarten, aber niemals wahrnehmen. Gefahren und Risiken sind mögliche Ereignisse, die man nicht feststellen, sondern sich nur vorstellen kann. Die Imagination aber ist anfällig für Lug und Selbstbetrug.

Seitdem Menschen die Erde für ihr eigenes Werk halten, ist ihr Leben riskanter geworden. Die Entzauberung der

Welt bedeutete auch eine Verschiebung der Unsicherheiten. Wagnisse sind an die Stelle von Widerfahrnissen getreten. Mehr und mehr Gefahren verwandelten sich in Risiken. Das Schicksal gilt nun als Schöpfung des Menschengeschlechts. Nicht höhere Fügung, sondern der Geist der Wahrscheinlichkeit scheint die Weltläufte zu regieren. Solange man Not und Tod für Geißeln der Götter hielt, gab es keine Hoffnung auf Sicherheit. Und solange man Katastrophen als Launen der Natur ansah, lag der Gedanke fern, man könne dem Unglück durch eigene Vorsicht entgehen. Doch mittlerweile gelten Unwetter, Hochwasser, Hungersnöte oder Kriege als Unheil von Menschenhand. Immer schon lebten Menschen in einer gefährlichen Welt. Aber erst seitdem sie sich selbst zu den Herren dieser Welt gekrönt haben, müssen sie sich alles Unglück selbst zuschreiben und ihre Angst allein bekämpfen.

IV. Angst, Mut und Risikolust

Bei einem der deutschen Luftangriffe auf Moskau tauchte zur allgemeinen Überraschung ein bekannter sowjetischer Professor für Statistik im Luftschutzkeller seines Bezirkes auf. Zuvor war er dort nie erschienen. »Warum sollte ich damit rechnen, daß es mich trifft«, hatte er seinen besorgten Freunden erklärt, »Moskau hat sieben Millionen Einwohner«. Um so erstaunter waren seine Freunde, ihn nun doch im Keller vorzufinden. Auf die Frage, was ihn bewogen habe, seine Meinung zu ändern, antwortete der Professor: »Schauen Sie, in Moskau leben sieben Millionen Menschen und ein Elefant. Letzte Nacht hat es den Elefanten erwischt.«

Auch Experten für Zufallsverteilungen sind gegen Furcht nicht gefeit. Obwohl sich der Gelehrte der Unwahrscheinlichkeit seines gewaltsamen Todes bewußt war, hielt die Vorsicht ihn von weiteren Risiken ab. Wenn Wissen über die Zukunft unmöglich ist, wie sicher und repräsentativ sind dann die verfügbaren Informationen? Was wiegt zuletzt mehr: sieben Millionen lebende Menschen oder ein toter Elefant? Die Angst vor der Höhe eines Schadens entwertet die Einsicht in dessen geringe Wahrscheinlichkeit.

Angst steigert die Unsicherheit, und Unsicherheit erzeugt Angst. Die Grundlagen des Alltags werden brüchig.

Wenn die Angst um sich greift, schwindet der Glaube, daß das Leben wie gewohnt weitergehen wird und man auch morgen noch das tun kann, wozu man heute imstande ist. Neues ist nicht mehr mit alten Erfahrungen zu bewältigen. Die Zukunft gleicht nicht mehr der Gegenwart und die Gegenwart nicht mehr der Vergangenheit. Die Gefahr läßt sich weder übersehen noch übergehen. Immer näher rückt sie heran, saugt alle Aufmerksamkeit auf, besetzt das Bewußtsein, die Stimmung trübt sich ein, die Angst nagt am Selbstvertrauen. Ein Schatten legt sich über Seele und Geist. Unsicherheiten sind keineswegs nur eine Frage des Wissens. Sie betreffen das Lebensgefühl des Menschen, seine Stimmungen und Affekte.

Angst hat viele Gesichter. Menschen erschrecken, wenn ein Unheil sie jählings überfällt. Grauen beschleicht sie, wenn ihnen eine Bedrohung entgegentritt, die ihre Vorstellungskraft überschreitet. Entsetzen jedoch, diese intensivste Form der Angst, packt sie, wenn das Unbekannte plötzlich hereinbricht. Ohne jede Vorwarnung geschieht das ganz und gar Unvertraute. Das Entsetzliche verschlägt den Menschen die Sprache. Sie schreien, zetern, heulen, aber sie sprechen nicht. Fassungslos stehen sie vor den Trümmern, suchen mit bloßen Händen nach Angehörigen. Kopflos irren sie am Explosionsort umher, manche sind verwirrt und gelähmt, viele flüchten in Panik, stoßen beiseite, wer ihnen im Wege steht. Die motorische Aktion sucht die Blockade der Angst zu durchbrechen. Der panische Bewegungssturm, so ziellos er anmutet, will die Lähmung aufreißen, die Fesseln aufsprengen, die den Entsetzten an die Situation ketten.

Davon ist die Ängstlichkeit der Unbeteiligten weit entfernt. Sie hat ihren Grund nicht im Erlebnis des Unheils, sondern in der Imagination einer Gefahr. Ängstlichkeit ist kein Affekt, sondern eine Stimmung. Ihr fehlt der prompte mimische Ausdruck, die leibliche Erregung und die Dramatik akuter Angst. Die Befürchtung ist vage, sie richtet sich nicht auf ein reales Ereignis, sondern auf etwas, das geschehen könnte. Ort und Zeit sind ebenso unbestimmt wie das Ausmaß des Schadens.

In ihrer Unfaßbarkeit liegt die unheimliche Macht negativer Stimmungen. Sie haben keinen Anfang und kein Ende, denn sie sind durch keine äußere Begebenheit begrenzt. Uferlos wuchern sie im Innern. Fürchterliches Unheil malt sich der Furchtsame aus. Überall sieht er Alarmzeichen. Seine Phantasien heften sich an jede ungewohnte Wendung des Alltags. Ängstlichkeit ist ein Zustand, welcher die gesamte Person durchdringt. Sie bestimmt ihre Empfindungen, färbt ihre Wahrnehmungen ein, hemmt ihre Handlungen, legt sich wie ein Alpdruck auf das Leben. Auch wenn der Anlaß längst vergessen ist, hält sie den Menschen in erregter Wachsamkeit. Überall könnte eine Gefahr lauern. Nichts ist sicher. Am Ende verfestigt sie sich zu einer persönlichen Haltung; Verzagtheit und Schreckhaftigkeit werden zum Charakter.

Alarmstimmung

Da Ängstlichkeit der Vorstellungskraft entspringt, sind den Bedrohungen keine Grenzen gesetzt. Die Zahl der eingebildeten Gefahren ist unendlich. Die Entzauberung der Welt hat nicht nur Gefahren in Risiken verwandelt, sie hat auch das Ausmaß der Unsicherheiten dramatisch erhöht. Nachdem sich die Geister und Dämonen verflüchtigt haben, ist auch das Gottvertrauen dahin. Fortwährend sucht die Einbildungskraft die Welt nach neuen Gefahren ab. Mit dem Wohlstand ist auch die Sensibilität für Risiken gestiegen. Besitz erhöht den Bedarf nach Sicherheit. Statt einer Hungersnot fürchten wohlsituierte Bürger den Mangel an Kuchen und Kaviar. Nicht vor den Räubern im Walde erzittern sie, sondern vor den Hackern im Netz. Statt der Feuersbrunst ängstigt sie die Explosion im Kraftwerk. Nicht der frühe Kindstod schreckt sie, sondern die Aussicht, eines Tages könnte an der Haustür ihr geklonter Doppelgänger klingeln.

Zur Natur kam die Technik als Gefahrenquelle, zur Sorge um das Seelenheil die Furcht des Gewissens, zu den Seuchen des Elends die Krankheiten der Zivilisation. Fern davon, die Angst zu mindern, hat die Moderne nur deren Anlässe gewechselt. So bewegen sich viele Menschen auf unsicherem Terrain. Obwohl Lebenszeit und Massenkonsum ein historisch nie gekanntes Niveau erreicht haben, grassiert vielerorts eine merkwürdige Unruhe, ja Hysterie. Mitnichten hat die Neuzeit den Tod aus dem Bewußtsein verdrängt. Die Gesellschaft scheint besessen vom Gedanken ihrer Vergänglichkeit. Je rascher die Verhältnisse wechseln, desto unvertrauter das Leben und desto größer das Mißtrauen gegenüber anderen und sich selbst. Daraus entspringt der unbedingte Wille zur Sicherheit. Mit aller Kraft klammert er sich an die Illusion der Dauer und Solidität.

Es ist nur die Kehrseite der Alarmstimmung, daß man alle Gefahren restlos beseitigen will. Sobald die Sehnsucht nach Sicherheit herrscht, werden Beweislasten einfach umgedreht. Nicht länger fragt man nach den Chancen einer Innovation oder nach den Ursachen eines Risikos. Jeder Neuerung unterstellt man a priori eine Bedrohung, solange ihre

Unschädlichkeit nicht definitiv nachgewiesen ist. Da Gefahren aber niemals vollständig auszuschließen sind, es sei denn, man würde im voraus alle künftigen Ereignisse kennen, ist es prinzipiell unmöglich, der Situation des Argwohns zu entkommen.

So entstehen fortlaufend neue Ängste vor Phantomrisiken. Sie zeichnen sich durch den vollständigen Mangel an gesicherter Information aus. Die Ursache des möglichen Schadens ist nicht nachweisbar, seine Wahrscheinlichkeit nicht berechenbar und sein Ausmaß nicht abschätzbar. Obwohl nicht einmal zu ermitteln ist, ob überhaupt ein Risiko besteht, ist die Aufregung groß. Denn nichts scheint bedrohlicher als Ungewißheit.

Wenn nur ein einziges Labormodell den Verdacht aufkommen läßt, ein Heilmittel könne bei einer bestimmten Risikogruppe Krebs erregen, wird es verboten. Daß das Modell falsch ist und die neue Substanz unzähligen Menschen helfen könnte, wäre nur aufgrund langjähriger Anwendung nachzuweisen. Doch die Medien verbreiten Gerüchte, die Wissenschaften liefern widersprüchliche Befunde. Verbände, die ihre Existenzberechtigung regelmäßigen Warnungen verdanken, prophezeien unabsehbare Folgen. Die Politik sucht der Gefahr zuvorzukommen und erläßt neue Verordnungen.

Ob Elektrosmog oder manipuliertes Saatgut, ob neue Handys oder alte Amalgamplomben, ob das Ozonloch, das Waldsterben, die Energieknappheit oder die atomare Auslöschung – viele Gefahren der letzten Zeit haben sich zuletzt als Phantasmagorien erwiesen. Obwohl in den westlichen Ländern die Lebensmittel einer ungewöhnlich strengen Sicherheits- und Qualitätskontrolle unterliegen, sehen sich viele Zeitgenossen kurz vor dem Gifttod. Groben und feinen Staub halten sie für die Ursache des nahen Erstickungstods.

Ungewißheit haben sie durch Unheilsgewißheit ersetzt. Nicht das reale Risiko bedrückt die Gemüter, sondern das vorgestellte Risiko. Dies ist zwar fiktiv, aber in seinen Folgen höchst real. Was immer Menschen als wirklich definieren, schafft eine neue Wirklichkeit. Die Menschen sind vorsichtig, Konsumenten meiden verdächtige Produkte, Sammelklagen werden zugelassen, und Firmen und Banken treffen Vorsorge für den Ernstfall.

Lob der Courage

Gegen Angst und Unsicherheit hilft oft nur die Zeit. Jahrelang können Unheilszenarien das gesellschaftliche Klima verdunkeln, bis sie endlich widerlegt sind. Schneller wirkt die Tugend des Mutes. Zwar haftet der Courage der Geruch der Torheit und Verwegenheit an. Nur zu gern setzt man Furchtlosigkeit mit Tollkühnheit gleich oder führt die bedächtige Vernunft gegen die beherzte Aktion ins Feld. Aber ohne eine kräftige Prise Wagemut, ja Kühnheit ist richtiges Handeln nicht zu haben. Mutig und tapfer zu sein bedeutet, einer Gefahr ins Auge zu sehen und dennoch jene Tätigkeit fortzusetzen, welche die Gefahr hervorbringt. Nur auf den Mutigen ist unter allen Umständen Verlaß. Wer nicht bereit ist, Nachteile auf sich zu nehmen, stellt sein Engagement, seine Überzeugungen und seine Berechenbarkeit in Frage. Ohne Courage keine Glaubwürdigkeit. Manchmal bedarf es eines ungestümen Zugriffs, um das Glück beim Schopfe zu fassen. Denn zuletzt ist es der Mut, welcher der Tücke des Geschicks zu widerstehen sucht.

Einstmals gehörte der Mut – neben Weisheit, Gerechtigkeit und Besonnenheit – zu den menschlichen Kardinaltugenden. Viele andere Tugenden gewinnen überhaupt nur Gestalt auf dem Fundament der Unerschrockenheit. Nur der Mut verhilft der Erkenntnis des Guten zur praktischen Wirksamkeit. Nur indem man der Gefahr widersteht, kann man sich überhaupt als klug oder gerecht zeigen. Mut ist zuerst Handlungsmut. Er läßt den Menschen heraustreten aus der Zärtlichkeit seines Gemüts. Der Mutige trotzt seiner Angst und nimmt die Gefahr in den Blick. Wie Angst zuletzt Todesangst ist, so ist der letzte Beweis für Tapferkeit, der Todesgefahr standzuhalten. Nicht umsonst gelten Katastrophenhelfer, denen ihr Beruf manchmal die Gesundheit oder gar das Leben kostet, als die letzten Helden, welche die postheroischen Gesellschaften der Gegenwart noch guten Gewissens zu verehren wagen.

Kultur der Ängstlichkeit

In Zeiten der Furcht durchdringen ängstliche Stimmungen alle Lebensbereiche. In der Politik wird das Machtfeld entschärft. Der Gegner wird zum Partner verharmlost. Das Politische soll im Sozialen oder Ökonomischen verschwinden. Wo der Streit verpönt ist, kann Courage nur stören. Neben dem Ideal des ewigen Gesprächs hat die Politik das Vermeiden von Entscheidungen kultiviert. Entschlüsse werden verschoben, in Gremien deponiert oder bis zur Unwirksamkeit verwässert. Reformen, die auf Widerspruch treffen könnten, bleiben liegen. Sicherheit erhält Vorrang vor Freiheit, Gerechtigkeit und Solidarität. Der Wunsch nach Autorität und Geborgenheit verdrängt die Bereitschaft zu Initiative und Konflikt. In Zeiten der Verzagtheit schlägt die Stunde der »starken Männer« und der vertrauten Gesichter. Sie versprechen Obhut und Orientierung.

In der Wirtschaft führt Ängstlichkeit zur Stagnation, zu einer Haltung des Abwartens und Absicherns. Projekte werden vertagt, der Unternehmungsgeist versiegt, der Handel erlahmt. Die Konsumenten üben Verzicht und sparen für schlechtere Zeiten, das Kapital fließt in scheinbar sichere Häfen. Wenn die Zuversicht dahin ist, geht niemand mehr Wagnisse ein. Markt und Konkurrenz werden diskreditiert. Ökonomische Freiheit fordert von jedem Initiative und Risikobereitschaft. Wagemut, Instinkt und Kalkül zeichneten einst den Unternehmer aus. Doch die vermeintliche Herzlosigkeit der Kaufleute ist ebenso bescholten wie der Leichtsinn der großen Spieler und Seiltänzer auf alten und neuen Parketts. Nicht Rivalität und Risiko, sondern Sicherheit soll das Wirtschaftsleben regieren.

In der Kultur besinnt man sich auf die Überlieferung und erfindet neue Traditionen. Experimente sind verpönt, der Kanon der Texte, Töne und Bilder verspricht geistigen Halt. Erinnerung und Gedächtnis überdecken Hoffnungen und Utopien. Akademismus und Klassizismus herrschen vor, die Sorge um den Besitzstand wehrt alle Tendenzen des Aufbruchs und der Subversion ab. Die Wissenschaften, die ihren Fortschritt nicht zuletzt riskanten Ideen und Experimenten verdanken, drohen in der Behutsamkeit des Normalbetriebs zu erstarren. Sicheres Wissen und bewährte Methoden sind gefragt, nicht die spekulative These, die ihre Widerlegung riskiert.

In den sozialen Beziehungen schließlich fördert Ängstlichkeit den Wunsch nach Gleichheit und Homogenität. Die Menschen wollen unter ihresgleichen bleiben. Außenseiter und Fremde sind verdächtig als Boten und Urheber künftigen Unheils. Die sozialen Kreise verengen sich, die Berührungsfurcht steigt, die wechselseitige Kontrolle verdichtet sich. Zuverlässigkeit, Treue und Disziplin werden als soziale Werte propagiert. Kleine Einheiten wie Familie, Verwandtschaft und Nachbarschaft versprechen Geborgenheit gegenüber namenlosen Organisationen und unbekannten Individuen. Die Mehrzahl wünscht sich eine Gesellschaft der bloßen Sekurität, in der das Leben und Denken überschaubar, gemütlich und unterhaltsam ist. Die Abwärtsspirale ist unaufhaltsam. Wenn niemand Mut erwartet, wird auch kein Mut erbracht. Und wenn niemand Beherztheit zeigt, wird sie auch nicht mehr gefordert. Die Gesellschaft im Stillstand ist eine Gesellschaft des Kleinmuts.

Die Abwertung der Courage hat institutionelle Ursachen. Tugenden lassen sich nicht herbeizitieren. Je mehr Verantwortung für die eigene Lebensführung an fremde Instanzen abgetreten ist und je größer das Bedürfnis nach umfassender Sicherheit, desto höher der Grad der gesellschaftlichen Passivität. Nicht das Handeln, sondern das Unterlassen gilt nunmehr als Beweis der Klugheit. Wer nichts tut, so glaubt man, geht auf Nummer Sicher. Dabei gilt seit je der Erfahrungssatz, daß in der Regel Handeln besser ist als Aufschieben. Handeln stärkt den Kontakt zur Realität, die Unterlassung fällt auf die eigene Schwäche und Hemmung zurück. Zumal in Krisenzeiten wird oft zuwenig gehandelt. Manchmal sind Unterlassungen riskanter als falsche Handlungen. Wer zu früh kommt, den bestraft das Leben nicht. Vorschnelles Handeln kann oft noch korrigiert werden, verspätete Aktionen indes verpuffen, weil die Gelegenheit längst vorüber ist.

Nischen des Wagemuts

Inmitten der Kultur der Ängstlichkeit gedeihen jedoch Nischen des Risikos. In den Subkulturen des Wagemuts treffen sich alle, denen der Alltag zu eintönig ist. Sie verwetten ihre Ersparnisse, frönen dem Glücksspiel, spekulieren mit dem Risiko des Totalverlustes. Andere betreiben lebensgefährliche Sportarten oder machen sich auf zu Abenteuern in unwirtliche Regionen. Alle suchen sie dem Einerlei zu entkommen, um sich das Gefühl der Lebendigkeit zu erhalten. Sie sehen sich eingesperrt im Gehäuse der Sekurität. Sicherheit erzeugt nicht nur Langeweile, sondern auch eine Sehnsucht nach Risiken, nach neuer Freiheit, nach der Überschreitung der Grenzen. Zwar erstreben die Menschen Geborgenheit und verfallen in Hysterie, wenn ihre Illusionen zerplatzen. Aber sie schätzen auch den Nervenkitzel, die Herausforderung, die Euphorie, eine Gefahr gemeistert zu haben.

Riskante Aktivitäten sind ungewiß und folgenreich zugleich. Anstatt auf das Schicksal zu warten, sucht man es vor der Tür. Die Gefahr wird zu einem Risiko, das man mutwillig eingeht; die Möglichkeit erscheint als Chance, die man unbedingt wahrnehmen muß. Spieler, Abenteurer oder Hasardeure fordern das Schicksal heraus. Sie wollen den Nervenkitzel genießen, diese Mischung von Furcht, Wonne und Zuversicht, die dem Wagnis seine besondere Färbung verleiht. Dem Vergnügen am Risiko fehlt keineswegs ein gewisser Betrag an bewußter Angst. Aber diese vermischt sich mit dem Gefühl, daß man selbst es ist, der sich der Gefahr aussetzt. Man vertraut darauf, daß man sie durchstehen und unverletzt zurückkehren wird. Risikolust ist zutiefst optimistisch. Sie sucht die Geschwindigkeit, das Unbekannte und

Unheimliche, den Zufall, den Wettstreit. Geistesgegenwart, Ausdauer oder Kampfbereitschaft werden dem Glück den Weg schon weisen. Die Investition erschöpft sich nicht nur in Geld, Zeit oder körperlichem Einsatz. Der Risikofreudige liefert sich selbst dem Schicksal aus.

Allerdings dauert das Delirium des Kontrollverlustes nur kurz. Der Genuß des Risikos liegt weniger im Erlebnis der Gefahr als in der Erfahrung ihrer Beherrschung. Der Ertrag des Abenteuers ist die Erregung des Augenblicks, der Thrill, das Hochgefühl des Sieges, der Triumph über die Angst. Ob es ein Glücksspiel oder eine verbotene Wette, ein Abenteuer oder ein gefährliches Duell ist, die Risikolust teilt die Welt in zwei Zonen: hier die sichere Region des Alltags und Berufs, dort jene waghalsigen Aktivitäten, die von dem einzelnen verlangen, in der Schußlinie zu bleiben. Doch hilft auch in diesen gefahrvollen Bezirken eine Einrichtung, die zu den Grundlagen moderner Gesellschaften zählt. Weil die Menschen die Risiken fürchten, die sie selbst aufsuchen, müssen sie sich versichern – gegen die Zufälle des Lebens und gegen die Kosten ihrer Handlungen.

V. Versicherungsgesellschaft

Unweit der Themse eröffnete 1687 Edward Lloyd ein Kaffeehaus, das sich bei den Seeleuten großer Beliebtheit erfreute. Das Haus war geräumig und wurde von tüchtigen Händlern frequentiert. So konnte der Wirt schon nach vier Jahren ein größeres Haus an der Lombard Street eröffnen. Die fünf Angestellten servierten neben Kaffee auch Tee und ein eisgekühltes Fruchtsaftgetränk. Als Lloyd erkannte, daß seine Kunden für ihre Geschäftsabschlüsse nach den neuesten Nachrichten verlangten, gründete er 1696 eine Zeitung mit Informationen über Ankunft und Abfahrt der Schiffe, über die Zustände im Ausland und über gefährliche Seerouten. Die Neuigkeiten lieferte ihm ein Netz von Korrespondenten aus allen wichtigen europäischen Häfen. Im Kaffeehaus fanden regelmäßig Auktionen statt, und der Wirt stellte zur Unterzeichnung der Verträge Tinte und Papier bereit. Eine Ecke des Lokals war für die Kapitäne reserviert, die ihre Erfahrungen über die neuen Seewege austauschten. Lloyd hatte rund um die Uhr geöffnet, und das Lokal war stets gut besucht.

Auch Verträge zur Absicherung von Schiffen und Frachtladungen wurden in Lloyds Kaffeehaus besiegelt. Das Lokal war der Haupttreffpunkt der Makler und Risikoträger, der »Underwriter«, die potentielle Verluste gegen die Zahlung einer Prämie übernahmen. Lloyds Nachrichtenliste enthielt daher bald auch Berichte über Schiffsuntergänge, Aktienpreise, Auslandsmärkte und die Flutzeiten an der London Bridge. Die Regierung nutzte »Lloyd's List« sogar dazu, die neuesten Nachrichten über Seeschlachten zu veröffentlichen. Hundert Jahre nach Eröffnung des Kaffeehauses taten sich schließlich 79 der Underwriter zusammen und gründeten die Society of Lloyd's. Mit ihrem Namen und ihrem gesamten Vermögen verpflichteten sie sich, die Verluste ihrer Klienten zu tragen. Bis heute übernimmt die berühmteste aller Versicherungsgesellschaften den Schutz vor allen möglichen und unmöglichen Risiken.

Versicherungen sollen Schaden nicht verhindern, sondern ausgleichen. Sie leben vom kollektiven Pessimismus. Keiner weiß, was ihm zustoßen wird; aber viele glauben, daß vieles schiefgehen kann. Angst und Verzagtheit sind der Nährboden des Versicherungsgeschäfts. Die Police ist eine präventive Maßnahme. Nicht für etwas versichert man sich, sondern gegen etwas, gegen Unfall und Invalidität, gegen Armut oder Arbeitslosigkeit, gegen Raub, Brand und Tod. Die Assekuranz übernimmt das Risiko gegen vorherige Prämienzahlung. Sie ist die ökonomische Basisinstitution zur Reduktion von Unsicherheit. Immer neue Bereiche des Alltagslebens sind mit der Zeit in ihr Visier geraten. So viele Gefahren, so viele Spezialversicherungen. Gegen Transport- und Verkehrsschäden werden Verträge abgeschlossen, gegen Unwetter, Diebstahl oder Kreditausfälle, gegen die Kosten der Gerechtigkeit, der Bösartigkeit und Fahrlässigkeit. Nahezu jeden Preis zahlen die Menschen, um sich in Sicherheit zu bringen.

Geld gegen Sicherheit

Der Versicherte übergibt sein Lebensrisiko der Assekuranz. Nicht der einzelne, sondern das Unternehmen hat nun das Risiko zu tragen. Bevor sich die Gesellschaften die moderne Wahrscheinlichkeitsrechnung zunutze machten, glichen ihre Verträge eher Wetten oder Lotterien. »Glücksverträge« nannten frühe Kritiker das Geschäft mit dem Zufall. Mittlerweile haben Statistik und Mathematik den Austausch zufälliger Erfahrungen und Einschätzungen ersetzt. Die Wahrscheinlichkeitsrechnung ist das zuverlässigste Hilfsmittel beim Geschäft mit der Sicherheit. Sie hält die wirtschaftlichen Belastungen in einem überschaubaren Rahmen. Mit der Monetarisierung ist das Risiko zu einer Art Tauschobjekt geworden: Geld gegen Schutz. Der Kunde zahlt für das Gefühl der Sekurität, die Gesellschaft verpflichtet sich, notfalls einzuspringen. Unsicherheit wird in einen Anspruch verwandelt. Aber in der Regel hoffen beide Parteien, daß der Ernstfall niemals eintreten wird. Die Gesellschaft verdient an der Ängstlichkeit ihrer Kunden, und jene wiegen sich in dem Gefühl, rundum versorgt zu sein. Der Seelenfrieden der Kunden ist der Gewinn der Gesellschaft.

Der Vertrag mit der Angst ist für den Versicherten jedoch meist ein Verlustgeschäft. Die Zahl der Lebensgefahren übertrifft bei weitem die Risiken, gegen die er sich versichern kann. Die Prämien sind weit höher als die Wahrscheinlichkeit, daß sein Haus abbrennt oder seine Juwelen gestohlen werden. Dennoch unterzeichnen viele den Vertrag, weil sie glauben, es sich nicht leisten zu können, ihr Eigenheim oder ihre Juwelen zu verlieren. Ohne Versicherung erscheint ihnen das Leben als reine Glückssache.

Die Assekuranz befreit ihre Kunden von Unruhe und Angst. Damit eröffnet sie ihnen die Chance, größere Risiken einzugehen. Indem sie die geringfügigen Risiken vieler Personen kombiniert, nutzt sie den Vorteil der großen Zahl und verteilt die Gefahr auf viele Schultern. Aber indem sie den einzelnen entlastet, fördert sie auch seine Kühnheit und seinen Leichtsinn. Ob Versicherungen zuletzt das Niveau der kollektiven Sicherheit steigern, ist keineswegs ausgemacht. Wenn andere für den Schaden aufkommen, lebt es sich unbekümmerter und kostspieliger. Mit der Versicherung im Rücken läßt sich manches Unglück riskieren.

Schuld und Schaden

Die Institution der Versicherung provoziert auch ihre Ausnutzung. Nicht umsonst unterhalten die Gesellschaften ganze Abteilungen, welche im Zweifelsfall nachprüfen, ob ein Schaden nicht vorsätzlich herbeigeführt worden ist. Daß bei Fahrlässigkeit oder Betrug der Anspruch auf Schadensersatz erlischt, gehört seit je zu den Vorbehalten eines Vertrags. Schon zu Beginn des neuzeitlichen Versicherungswesens schickten gewiefte Kaufleute ihre Waren auf alten Schiffen hinaus aufs Meer, wohl wissend, daß ein Unglück ihnen mehr einbringen würde als die Ankunft des Seelenverkäufers am Zielort. Heute rechnen Brandstifter mit den Zahlungen ihrer Feuerversicherung, Autofahrer kalkulieren die Leistungen ihrer Kaskoversicherung ein, und Selbstmörder, die ihren Tod als Unfall zu kaschieren verstehen, spekulieren auf die Auszahlung ihrer Lebensversicherung an die Hinterbliebenen. Offensichtlich können Versicherungen nicht nur die Gefahren für Dritte, sondern auch die Lebensrisiken des Versicherten erhöhen.

Unfälle geschehen zufällig. Sie rechnen zu den normalen Zwischenfällen des Alltags. So schmerzhaft sie für den einzelnen sind, sie sind eine statistische Tatsache. Anders als Anschläge, Sabotageakte oder Diebstähle lassen sich Unfälle nicht ohne weiteres auf absichtsvolle Aktionen zurückführen. Sie geschehen durch den normalen Zusammenprall der Aktivitäten. Damit mag sich jedoch weder der Leidtragende noch die Versicherung abfinden. Auch sie hat sich das moderne Prinzip zu eigen gemacht, wonach jedes Ereignis nicht nur einen zureichenden Grund, sondern auch eine menschliche Ursache hat. Auch ein Unfallwagen wird von einem Fahrer gesteuert, Schweißnähte werden irgendwann gesetzt, Gasinstallationen sollen regelmäßig gewartet, Ventile überprüft, ermüdetes Material ersetzt werden. Bedienungs- oder Konstruktionsfehler, Nachlässigkeiten, Übermut oder Schlendrian gelten als die häufigsten Ursachen des »Zufalls«. An den menschlichen Urhebern des Unglücks sucht sich die Assekuranz schadlos zu halten. Dem Geschädigten leistet sie die zugesicherte Zahlung, den Übeltäter verklagt sie auf Schadensersatz. Gegen solche Klagen hilft eine zweite Form der Versicherung: die Haftpflicht. Sie schützt nicht vor den Gefahren des Lebens, sondern vor den Risiken eigenen Handelns.

Die Haftpflichtversicherung ist die Einrichtung zur organisierten Abwälzung von Schuld. Sie transformiert Verantwortung in fremde Haftung. Nicht nur die Betreiber von Dampfkesseln und Eisenbahnen, von Bergwerken oder Atommeilern, sondern auch alle Haus- und Autobesitzer, Ärzte, Gastwirte oder Notare sind gehalten, sich gegen Ansprüche auf Schadensersatz zu versichern. Das Unheil, das

Menschen anrichten, übersteigt meist ihre Verantwortung und ihre finanziellen Mittel. Diese Lücke zwischen Schuld und Schaden gleicht die Haftpflicht aus. Solange das Unglück nicht willentlich oder grob fahrlässig herbeigeführt wurde, kommt die Assekuranz für den Schaden auf. Sie reduziert zwar nicht die Gefahr, wohl aber die Folgehaftung im Schadensfall.

Diese Entlastung ist keineswegs geringzuschätzen. Auch wenn die Prämien hoch sind, fühlt sich der Versicherte von einer schweren Bürde befreit. Unbelastet von finanziellen Risiken kann er handeln und arbeiten. Was immer er anrichtet, die Versicherung steht für ihn gerade. Viele Projekte würden niemals begonnen, viele Entscheidungen niemals getroffen, hätten die Urheber nicht das Gefühl, notfalls abgesichert zu sein. Die Haftpflicht fördert die Bereitschaft, überhaupt etwas Neues zu riskieren.

Das Elend der Sozialkassen

Bei der privaten Assekuranz übersteigen die Prämien die Auszahlungen. Die Angst der Kunden ist größer als der wirkliche Schaden. Kehrt sich dieses Verhältnis um, ist das Unternehmen am Ende. Dies ist die gegenwärtige Lage der Sozialkassen in vielen westlichen Staaten. Die Beiträge dekken schon lange nicht mehr die Kosten von Alter und Krankheit. Die Sozialkassen sind ein Sanierungsfall. Solange die Menschen früh starben und die ärztliche Versorgung dürftig war, ging die Rechnung auf. Die wenigen Rentner beanspruchten die Kassen nur kurze Zeit. Der »Schaden« war überschaubar. Seitdem jedoch immer mehr Menschen immer älter werden, sind die Sozialkassen zur Quelle neuer

Unsicherheit und Ungerechtigkeit geworden. Entgegen jahrelangen Beteuerungen ist die Lage düster: Das lange Dasein ist zu teuer, die Vorsorge unbezahlbar. Wer heute einzahlt, hat nur eine Sicherheit: daß er in Zukunft nichts mehr erhalten wird.

Ohnehin stellt das System der Altersvorsorge das Prinzip der Versicherung auf den Kopf. Versicherungen haben nur dann einen Sinn, wenn man noch nicht alles weiß. Sach- und Haftpflicht schützen den Kunden vor seltenen Risiken. Eine Lebensversicherung abzuschließen mit der Kenntnis, daß der Kunde noch drei Monate zu leben hat, wäre ebenso absurd wie eine Feuerversicherung, nachdem der Blitz eingeschlagen hat. Eine Assekuranz hat nur Bestand, wenn viele unwissende Menschen bereit sind, die Folgen der Ungewißheit gemeinsam zu tragen. Versicherungen sind Vorkehrungen für den Ausnahmefall.

Die Sozialkassen indes sollen den Normalfall finanzieren. Die Garantie gilt für Ereignisse, die höchstwahrscheinlich sind. Eine Lebensversicherung wettet darauf, daß der Versicherte nicht stirbt. Eine Kranken- und Rentenkasse kann nur überleben, wenn der Versicherte frühzeitig zu Tode kommt. Die Assekuranz verteilt das Risiko auf viele Schultern, die Sozialkasse verteilt ihr Geld auf unzählige Köpfe. Sie funktioniert wie ein gesellschaftliches Schneeballsystem. So wird am Ende die Auszahlung immer kleiner und die Unsicherheit immer größer. Mit dem Prinzip der Versicherung ist die Grundsicherung des Daseins keinesfalls zu haben.

Das moderne Zeitalter ist mit der Leitidee der Autonomie angetreten. Jedermann ist für sein Los selbst verantwortlich. Jeder hat sein Leben selbst zu führen und für die Folgen seines Tuns einzustehen. Niemand kann die Risiken seiner Existenz auf andere abwälzen. Das Unglück, das dem einzelnen widerfährt, hat er allein zu tragen. Das Unheil, das er anrichtet, obliegt seiner Verantwortung. Von diesen Lasten der Freiheit sahen sich offenbar viele Menschen überfordert. Elend und Armut gelten als soziale Frage, Unsicherheit als gemeinsame Bürde. Von den Mißhelligkeiten der Existenz entlastet die Versicherung. Sie mindert die Folgen des Schicksals, die Wagnisse des Handelns, die Lasten eigenen Unvermögens. Da jeder zu einer Gefahr für andere werden kann, bedarf jeder des Schutzes. Und da nicht jeder seine Defizite und Untaten selbst ausgleichen kann, benötigt er fremde Hilfe. Diese Aufgaben übernimmt die Versicherungsgesellschaft. Wie der Staat und der Markt gehört sie zu den Grundpfeilern des modernen Gesellschaftsvertrags. Als zivile Institution trifft sie Vorkehrungen für das, was Menschen widerfahren kann und was sie einander mit oder ohne böse Absicht antun können.

VI. Soziale Komplikationen

Auf einem Maskenball am Hof von Versailles mußte eine vornehme junge Dame ein trauriges Abenteuer erleben. In den Tagen vor dem Fest hatte sie, ehe man es recht bemerkt hatte, an dem Comte d'Evreux Gefallen gefunden. Als nun der Ball schon in vollem Gange war, sah man unverhofft eine Maske eintreten, welche die Gesichter von vier Edelleuten trug. Alle waren sie aus Wachs gebildet und ihren Vorbildern verblüffend ähnlich. Eines dieser Gesichter indes war jenes des Comte d'Evreux. Eingehüllt in ein langes, weißes Gewand, konnte die Maske ihre Gestalt gänzlich verbergen und ihre Gesichter ständig nach Belieben hin und her bewegen. Beim Menuett zog sie ob dieser Virtuosität alle Blicke auf sich. Kaum war der Tanz beendet, forderte der galante Dämon die junge Dame auf und kehrte ihr sogleich das Gesicht des Comte d'Evreux zu. So vollkommen hatte er seinen Körper in der Gewalt, daß er ihr bei jeder Drehung das Antlitz ihres Angebeteten zuwandte. Sie indes wurde abwechselnd rot und blaß, suchte sich zu entwinden, doch konnte sie der Maske nicht entkommen. Obwohl die Zuschauer das Schauspiel aufmerksam verfolgten, war kein einziges spöttisches Wort zu vernehmen. Die Maske blieb noch eine Weile. Da erschien der gleichfalls maskierte Gatte der jungen Dame auf dem Ball. Ein Freund hatte ihn aufgehalten, um ihm den üblen Scherz zu ersparen. Doch des Wartens müde, betrat er endlich den Saal und sah gerade noch die Maske mit den vier Gesichtern entschwinden. Obwohl peinlich berührt, ließ er sich nichts anmerken. Auch das allgemeine Mutmaßen und Getuschel änderte nichts am weiteren Verlauf der Dinge. Niemand brachte mehr die Dame mit irgend jemandem ins Gerede, obwohl sie eine der reizvollsten Erscheinungen bei Hofe war.

Soziale Begegnungen tragen das Risiko der Überraschung in sich. Jederzeit können Menschen anders handeln, als man es erwartet hat. Sie können sich verhüllen, ihre Identität und ihre Absichten im ungewissen lassen oder gezielt in die Irre führen. Die Fähigkeit zur Verwandlung und Verstellung gehört zur Grundausstattung des Homo sapiens. Der Mensch ist stets auch Maske. Sosehr man zu erkunden sucht, was der andere im Schilde führt – niemals kann man sicher wissen, was jener denkt, fühlt oder beabsichtigt. Keine Institution vermag dem Menschen die Hauptlast seiner sozialen Existenz zu nehmen: die Unwägbarkeit und Freiheit anderer Personen.

Auch wenn Menschen einander seit langem kennen, sich aneinander gewöhnt, unzählige Erlebnisse miteinander geteilt und ihre Vorlieben einander angeglichen haben – Gewißheit über den anderen ist unmöglich. Sowenig sie sich selbst zu erkennen pflegen, sowenig kennen sie sich gegenseitig. Mehr noch: Auch wenn der eine wüßte, was der andere vorhat, welche Garantie hätte er, daß jener seine Absichten nicht im nächsten Augenblick ändert, daß seine Stimmung umschlägt, seine Gedanken eine plötzliche Kehrtwende einschlagen? Da Menschen nur zur eigenen Innenwelt einen direkten Zugang haben können, bleibt das Soziale durchdrungen von gegenseitiger Fremdheit. Die Momente gegenseitigen Erkennens sind rar und hinterlassen ein seltenes Gefühl intimer Wärme. Sonst aber trennt die Menschen eine Barriere, eine Mauer, die kein Zeichen, keine Ausdrucksgebärde, keine Geste, kein Wort zu überwinden vermag.

Die Unsicherheit potenziert sich durch wechselseitige Fremdheit. Sowenig A die Absichten von B kennt, sowenig vermag B die Gedanken von A zu lesen. Dennoch macht sich jeder ein Bild vom anderen und gibt ihm zu verstehen, wie er ihn sieht oder sehen möchte. Zugleich bekundet jeder, wofür er sich selbst hält und wie er vom anderen gesehen werden will. Nicht die Menschen begegnen einander, sondern die Schatten, die ihre Vorstellungen voneinander werfen. Unentwegt spiegelt sich der eine im anderen. Ein Hin und Her gegenseitiger Fiktionen, Prognosen und Phantasien begleitet die soziale Interaktion. Müßten die Menschen diesem Vexierspiel ihre gesamte Aufmerksamkeit widmen, sie wüßten nicht, wo ihnen der Kopf steht. Die Gesellschaft wäre die Hölle. Wann immer zwei Personen aufeinandertreffen, sie wären gefangen in einem Labyrinth von Spiegelbildern. Ein Fehltritt, eine ausholende Geste, ein falsches Wort, und sie prallten gegeneinander. Das Soziale wäre unerträglich, ein Ort der Gefahr, der untergründigen Feindseligkeit, der Scham und Angst. Hinter jeder Biegung könnte der Tod, hinter jedem Antlitz eine Fratze lauern.

Rollen, Normen, Phantasien

Dem Kardinalproblem des Sozialen suchen die Menschen auf vielfältige Weise zu entkommen. Sie reduzieren ihren Informationsbedarf, indem sie Begegnungen und Beziehungen auf Formeln reduzieren. Nur wenige Situationen erfordern den Austausch persönlicher Zuschreibungen. Häufig genügt die Kenntnis der Regeln und Relevanzen. Und meistens verhalten sich die Menschen nicht zu- oder gegeneinander, sondern mit- oder nebeneinander. Distanz erspart ihnen soziale Unsicherheit. Nicht als Individuen treffen sie aufeinander, sondern als Träger von Rollen, die sie zwar persönlich ausschmücken können, deren Schematismus aber allen Beteiligten so geläufig ist, daß jeder weiß, was zu tun ist. Nicht individuelles, sondern typisches Verhalten fordert die Rolle; und solange sich jeder an das Skript hält und seine Rolle spielt, gibt es wenig Anlaß, sich der dünnen Bretter zu erinnern, auf denen sich das Drama des Sozialen abspielt.

Eine weitere Erleichterung bietet die Orientierung an der Sache. Häufig ist es belanglos, was der andere denkt, solange er tut, was die Situation verlangt. Private Gefühle und Gedanken oder individuelles Spezialwissen sind meist belanglos. Nicht die Personen, die Sache entscheidet, wie hoch der soziale Aufwand ist. Je mehr eine Situation von der Sache regiert wird, desto geringer die sozialen Gefahren. Der Zwang der Sachlichkeit diszipliniert die sozialen Phantasien. Je weniger die Menschen jedoch miteinander arbeiten, desto größer die Ungewißheiten, mit denen sie sich gegenseitig belasten.

Gestützt werden soziale Rollenmuster durch Normen. Sie legen fest, was erlaubt oder verboten ist. Anders als Rechtsvorschriften sind soziale Normen in der Gesellschaft direkt verankert. Sie entspringen der Sitte und Gewohnheit eines sozialen Milieus, nicht dem Beschluß eines Gesetzgebers. Ihr Ursprung ist nicht das Politische, sondern das Soziale. Regeln entscheiden nicht nur Streitfälle, sondern lenken auch unstrittige Alltagsaktivitäten. Sie schreiben vor, wie nahe sich fremde Körper in dichtem Gedränge kommen dürfen, wie unter Fremden und Freunden zu reden ist, welche Formen der Ehrerbietung einzuhalten sind oder wie Menschen von Rang zu begegnen ist. Nicht durch Entscheidungen gewinnen solche Normen Geltung, sondern durch wiederholte Praxis. Wer gegen sie verstößt, macht sich zwar nicht strafbar, aber er zieht mißbilligende Blicke oder üble Nachreden auf sich. Normen stützen die gesellschaftliche Normalität; und die Praxis der Normalität erzeugt und bekräftigt die sozialen Normen.

Die Verbindlichkeit der Normen entspringt keinem Wertekonsens, sondern sozialen Fiktionen. Normen müssen interpretiert und Tatsachen umgedeutet werden, damit eine Situation überhaupt unter eine Regel fällt. Wie obligatorisch die Vorstellungen sind, mit denen Menschen einander begegnen, ist keineswegs ausgemacht. Normen werden zwar oft als objektive, scheinbar unverrückbare Auflagen erlebt. Ihre Einhaltung wird kontrolliert und ihre Geltung erzwungen. Aber Unsicherheiten über Sinn und Buchstaben der sozialen Gesetze gehören zur Tagesordnung. Ist es schicklich, einen Fremden freundlich anzulächeln, obwohl er abweisend aus dem Fenster schaut? Wie lange darf man einen Fremden ansehen, ohne daß er sich belästigt fühlt? Wie erreicht man Annäherung ohne Übergriff, wie Distanzierung ohne Affront? Unzählige Regeln enthält das Handbuch des richtigen Benehmens für die diversen sozialen Kreise: Vorschriften über Gruß- oder Entschuldigungsrituale, über richtige Konversation, Mimik und Gestik, über das korrekte Vokabular, die angemessene Selbstdarstellung, den sittsamen Umgang der Geschlechter.

Ordnende Kraft erlangen die sozialen Gesetze jedoch erst, wenn die Beteiligten eine gemeinsame Vorstellung davon haben, was in der aktuellen Situation vor sich geht. Normative Sozialordnungen setzen die Konstitution sozialen Sinns voraus. Hierzu müssen die Menschen jedoch annehmen, daß der andere die Situation so sieht wie man selbst und daß er das gleiche Verständnis der einschlägigen Regeln hat. Erneut sind die Menschen mit dem Grundübel ihrer sozialen Existenz konfrontiert: der Freiheit des anderen. Zwar können Verbote durch überlegene Macht gesetzt und durchgesetzt werden. Macht ist die sicherste Methode, um die Freiheit des anderen einzuschränken. Sie diktiert Bedeutungen und erzwingt konformes Verhalten. Wenn aber keine Seite einen Machtvorteil hat oder Zwang unangemessen ist, wird die Fiktion gemeinsamen Sinns unerläßlich.

Nicht Verträge oder Verhandlungen stiften soziale Bedeutungen, sondern kognitive Präsuppositionen. Sie sorgen für Vertrautheit und Vertrauen. Bis zum Beweis des Gegenteils gehen die Menschen davon aus, daß die Welt so bleibt, wie sie ist, und sie selbst das tun können, wozu sie gestern noch imstande waren. Hielte man die Welt nicht für konstant und sich selbst für unfähig, könnte man mit dem Handeln schwerlich beginnen. Um den sozialen Abgrund zu überbrücken, sind weitere Annahmen hilfreich. Außer Frage steht, daß die anderen Personen, welche die Welt ebenfalls bevölkern, ähnliche Fähigkeiten aufweisen und den Dingen ähnliche Bedeutungen zuerkennen wie man selbst. Eine Verständigung mit ihnen scheint nicht ausgeschlossen, auch wenn Übereinstimmung erfahrungsgemäß die Ausnahme ist. In der konkreten Situation tut man so, als würde der andere die Lage genauso sehen wie man selbst, nähme er nur die eigene Perspektive ein. Trotz biographischer Unterschiede haben, so der optimistische Universalismus des Alltagslebens, alle Menschen in ähnlichen Situationen ähnliche Absichten und ähnliche Vorstellungen von dem, was gerade wichtig ist. Der andere weiß im allgemeinen, was man auch selbst weiß, und er hält für normal, was man selbst für normal hält. Indem man so tut, als seien diese Fiktionen Realität, gewinnt man das Gefühl, dasselbe Spiel zu spielen. Obwohl die Vertrautheit provisorisch ist, werden auf diese Weise Zweifel und Mehrdeutigkeiten erträglich. In der Welt des Als-ob kann man abwarten und darauf hoffen, daß sich alles schon aufklären wird. Man muß nicht jeden Augenblick auf Eindeutigkeit bestehen. Gelassenheit schützt vor der Freiheit des anderen und gewährt sie zugleich.

Vertrauen

Wenn die Idealisierungen jedoch an der Wirklichkeit zerschellen, beginnt die Zeit der Verhandlungen. Die Selbstverständlichkeiten zerplatzen. Nun sind Mißverständnisse auszuräumen, Vorhaben aufzuklären, Bedeutungen auszuhandeln und Regeln durchzusetzen. Mit Routine und sozialem Gebrauchswissen ist es nicht mehr getan. Offenbar sind dem anderen andere Angelegenheiten wichtiger, andere Ziele vorrangiger und andere Vorstellungen vertrauter. Die Illusion einer gemeinsamen Welt zerbricht. Die Basis der sozialen Sicherheit gerät ins Schwanken. Dagegen hilft meist nur Vertrauen.

Im gesellschaftlichen Alltag gilt nicht das Prinzip Hoffnung, sondern der Pragmatismus des Vertrauens. Er verschafft Sicherheit, wenn Routinen und Fiktionen versagen. Bei völliger Ungewißheit hilft allerdings auch Vertrauen nichts. Wenn völlig offen ist, worum es überhaupt geht, kann man nur noch blinde Zuversicht schöpfen. Hoffnung beruht auf einem Mangel an Information. Vertrauen hingegen überzieht Informationen. Etwas für bedenklich zu halten, setzt Erfahrung voraus. Wer nichts weiß, kann auch nicht vertrauen; wer aber alles schon weiß, braucht nicht mehr zu vertrauen. Durch Vertrauen gewinnt das soziale Risiko eine halbwegs sichere Basis. Unklarheiten werden vorläufig eingeklammert. Die Zukunft erscheint nicht mehr als Gefahrenquelle, sondern als beherrschbare Fortsetzung der Gegenwart. Vertrauen nährt die Erwartung, daß sich nicht alles auf einen Schlag ändern wird. Es stützt die Gleitschienen des Alltagslebens.

Obwohl Vertrauen künftigen Ereignissen gilt, liegt sein Grund in der Vertrautheit vergangener Ereignisse. Ohne Vertrautheit kein Vertrauen, ohne Geschichte keine Sicherheit. In einer gänzlich fremden, unheimlichen Welt ist Vertrauen unmöglich. Aber Vertrauen extrapoliert nicht einfach die bekannte Vergangenheit in die Zukunft. Mit dem Dogmatismus des Wiederholungszwangs hat der riskante Vorschuß nichts gemein. Wer Vertrauen schenkt, geht ein Wagnis ein. Er stellt sich einer Gefahr. Der Hoffende schließt die Augen und setzt auf sein Glück. Der Vertrauende bleibt hellwach, überprüft die Anhaltspunkte, neutralisiert Gefahren, die nicht ausgeräumt werden können, und korrigiert hin und wieder seinen Handlungspfad. Um nicht bedingungslos zu vertrauen, muß er seine Risikobereitschaft im Zaum halten. Er rechnet mit einer offenen Zukunft, aber er tut so, als sei nicht alles möglich.

Risikobereitschaft variiert mit dem Selbstbewußtsein. Je mehr einer sich selbst zutraut, desto eher vermag er anderen zu trauen. Selbstbewußtsein ist wesentlich das Bewußtsein eigener Fähigkeit. Es gründet auf der Erfahrung eigenen

Könnens. Der Selbstbewußte muß nicht ängstlich darauf bestehen, daß sich nichts ändert, sondern kann darauf setzen, daß er auch die nächste Zukunft meistern wird. Auch wenn rundum die Zeitgenossen in Furcht verfallen, verläßt er sich zuletzt auf sich selbst.

Nicht jeder ist vertrauenswürdig. Einem Feind zu vertrauen ist gefährlich und obendrein überflüssig. Daß Kontrahenten verletzen, vernichten wollen, steht ganz außer Frage. Es gibt gar keine Unklarheit, die überbrückt werden müßte. Ein Waffenstillstand muß daher ständig überwacht werden. Die Mutation des Feindes zum Gegner, schließlich zum Vertragspartner ist zwar ohne Vertrauensvorschuß unmöglich. Aber Vertrauen allein wäre lebensgefährlich. Es muß durch Kontrollen und Garantien abgestützt werden. Nur so können Finten, Fallen und Fälschungen aufgedeckt und Vertrauenskredite an der Realität überprüft werden.

Fremden fehlt zwar die Vertrautheit, doch manchmal ist es gerade der Mangel an Bekanntheit, der den Menschen Mund und Herz öffnet. Obwohl sie weder Namen noch Adresse ihres Gegenübers kennen, vertrauen sie ihm ihre intimsten Bekenntnisse an, wohl wissend, daß der Fremde nicht bleiben, sondern morgen gehen wird. Weil man den anderen nicht kennt, kürt man ihn zur Vertrauensperson auf Zeit. Bei einem Freund schließlich wird das Problem des Vertrauens gar nicht akut. Auf Freunde zählt man, ohne weiter nachzudenken. Stellt sich die Vertrauensfrage, ist es mit der Freundschaft bereits vorbei. Die Nähe, die sich bislang von selbst verstand, weicht einer plötzlichen Fremdheit. Eine Kluft des Zweifels tut sich auf. Hektisch sucht man nach neuen Haltepunkten und verstrickt sich in immer neue Verdächtigungen, sobald die Fiktion inniger Gemeinsamkeit zerstört ist.

Das angestammte Feld sozialen Vertrauens sind Verhältnisse mittlerer Entfernung. Unter Nachbarn, Arbeitskollegen und Vertragspartnern, gegenüber Experten und Autoritäten sorgt Vertrauen für reibungslose Zusammenarbeit, für fristgerechte Gegenleistung und persönliche Sicherheit. In diesen unspektakulären Verbindungen geht es nicht um Nothilfe, Mitgefühl oder Verständnis, sondern um Verläßlichkeit und Beständigkeit. Man kann aufeinander zählen und mit dem anderen rechnen. Sogar unter Gegnern kann sich ein ausgekühltes Vertrauensverhältnis entwickeln, wenn beide die üblichen Winkelzüge kennen und wissen, daß man stets dasselbe Spiel spielt. Wo das Gesetz des Wiedersehens gilt, ist Vertrauen nahezu unvermeidlich. Nach einem Vertrauensbruch könnten sich die Beteiligten nicht mehr in die Augen blicken. Ihre Beziehung wäre ruiniert. Ist der Kredit dennoch nicht aufzubringen, bleibt noch der Rückgriff auf neutrale Dritte, auf ehrliche Makler, Vermittler und Notare des Sozialen, welche die Interessen beider Parteien wahren und vertrauliche Informationen für sich zu behalten haben. Die Berufe des Vertrauens sind durch das Geheimnis geschützt. Exklusivität und Aufklärungsverbote wahren das Vertrauen in den Dritten. Weil die Parteien sich ihm anvertrauen können, vermag er eine Beziehung zu vermitteln, die ohne ihn niemals zustande käme.

Distanz und Verrat

Vertrauen ist ein sozialer Kredit, den der andere zurückzahlen soll. Anders als die Phantasie der Gemeinschaft ist Vertrauen weit mehr als eine innere Einstellung. Vertrauen wird bekundet, gezeigt, geschenkt. Es ist eine soziale Gabe, die angenommen, honoriert und erwidert werden will. Wer dem anderen Vertrauen entgegenbringt, setzt ihn unter Zugzwang. Alles, was jener fortan tut, wird daran gemessen, inwiefern es das Vertrauen rechtfertigt. Indem man den anderen ins Vertrauen zieht, wirft man eine Fessel aus, der sich jener nur schwer entwinden kann. Gewiß kann Vertrauen nicht verlangt, sondern nur erbracht werden. Aber Vertrauen verpflichtet. Obwohl einseitig gewährt, stellt es Wechselseitigkeit her. Feinfühlige Charaktere, die andere auf Abstand zu halten suchen, weisen daher frühzeitig alle Signale zurück, mit denen sie ins Vertrauen gezogen werden sollen. Sofort unterbrechen sie die flüsternde Rede, übertönen die Verschwiegenheit, weisen Vertraulichkeiten zurück und bestehen auf der Etikette der Distanz. Fremdheit schützt vor unliebsamer Annäherung. Um seine Freiheit zu wahren, darf man Vertrauen daher nur dosiert akzeptieren. Häufig ist die gemeinsame Zukunft der Vertraulichkeit lästig und beengend.

Abstand schützt auch vor Vertrauensbrüchen. Erweisen sich Freunde, auf die man sich bislang felsenfest verlassen konnte, plötzlich als doppelzüngig, ist nicht nur das soziale Verhältnis gefährdet, sondern auch das Selbstbild. Offenbar wird man für jemanden gehalten, den man ungestraft ausnutzen, belügen, hintergehen kann. Plötzlich erkennt der Gutgläubige, daß man auf ihn keinen Wert legt. Vertrauensbrüche sind Akte der Mißachtung und Zurückweisung. Indiskretion und sozialer Betrug werten den anderen ab. Man hält ihn für blind, töricht oder dickhäutig. Der Verrat untergräbt das Selbstvertrauen des Geschädigten. Er muß sich fragen, ob er seinen Sinnen noch trauen kann, wenn man ihn derart hinters Licht führen konnte.

Auch wo die Schwelle der Enttäuschung niedrig liegt, hinterlassen Vertrauensbrüche Zweifel an der eigenen Urteilskraft. Intrigen von Parteifreunden, Unterschlagungen von Geschäftspartnern oder Indiskretionen von langjährigen Kollegen sind immer auch Attacken gegen das Selbstvertrauen des Hintergangenen. Auch wenn die Empörung der Eifersucht fehlt, stets bleiben Spuren persönlicher Enttäuschung zurück. Hat man sich das Fiasko selbst zuzuschreiben, war die Zweckfreundschaft nur vorgespiegelt, weshalb hat man die ersten Warnzeichen übersehen, warum war man so vertrauensselig? Verletzt ist stets der Gutgläubige. Er ist das Risiko eingegangen, hat den Vorschuß gezahlt, hat sich dem anderen anvertraut. Aber sein Angebot wurde zurückgewiesen, seine Offenheit ausgebeutet. Mühsam muß er sich seine Menschenfreundlichkeit erhalten. Oder er ersetzt sogleich Vertrauen durch Mißtrauen.

Argwohn

Soziale Enttäuschungen erhöhen die inneren Reserven. Der Mißtrauische zieht sich zurück und wartet ab. Überall sammelt er Informationen, eine ebenso aufreibende wie kostspielige Beschäftigung. Welchen Quellen soll er glauben, welchen Hinweisen trauen? Alles will er wissen, und je mehr Details er aufhäuft, desto quälender das Verlangen nach weiteren Einzelheiten. Nichtwissen plagt ihn und treibt ihn zu neuen krampfhaften Ermittlungen. Aber soviel er zusammenträgt, zur Gelassenheit des Vertrauens gelangt er nicht mehr. Mißtrauen wirkt wie ein soziales Gift. Die Zerstörung des Vertrauens ist irreversibel. Die Arbeit des Verdachts ist eine Sisyphosaufgabe. Keine Nachricht erscheint glaubhaft, kein Beweis wasserdicht. Geradewegs führt Mißtrauen in ein Laufrad endloser Kontrollen.

Argwohn ist sichtbar. Wie die Gabe des Vertrauens, so ist auch das Mißtrauen im Verhalten kenntlich. Der Vorsichtige sucht die Situation unter Kontrolle zu halten. Abweichungen, plötzliche Wendungen, überraschende Manöver lösen einen Schweißausbruch aus. Seine Sinne sind geschärft, er achtet auf jede Geste, jede unwillkürliche Gebärde, welche die wahren Absichten des anderen verraten könnten. So gewissenhaft er alles notiert, was um ihn herum geschieht, so sparsam ist er mit eigenen Äußerungen. Der Aufwand an Selbstkontrolle ist beträchtlich. Nicht die geringste Blöße will er sich geben. Daher rührt der Eindruck der Reserviertheit, der Starrheit und Undurchsichtigkeit, die der Mißtrauische bei seinen Zeitgenossen hinterläßt. Während er alles wissen will, soll die Umwelt von ihm nichts erfahren. Er sucht dem fremden Blick zu entgehen, sich hinter einer Maske zu verbergen, sich unkenntlich zu machen. Sein Traum von Sicherheit ist die vollständige Unsichtbarkeit. Die Wechselseitigkeit der Blicke ist ihm zuwider. Jede Offenheit könnte eine Gefahr heraufbeschwören. Von anderen ist nie etwas Gutes zu erwarten.

Die Welt des Mißtrauischen ist voller Alarmzeichen. Das Gefühl für die Ordnung der Situation ist dahin. Alle Vorgänge, die bislang nur mitnotiert oder ignoriert wurden, beanspruchen auf einmal höchste Wachsamkeit. Es sind nicht nur unbekannte oder unerwartete Einzelheiten, welche die

Wahrnehmung aufsaugen; ebenso verstörend wirkt das Ausbleiben gewohnter Zeichen. Fällt der regelmäßige Telefonanruf aus, vergißt der Ehemann den Blumenstrauß zum Hochzeitstag oder erstirbt plötzlich der übliche Lärm in der Nachbarwohnung, entsteht sofort der Eindruck, daß etwas nicht in Ordnung sei. Jede Änderung des Vertrauten, sei sie positiv oder negativ, erregt Zweifel und Zaudern. Wer Argwohn gar nicht erst aufkommen lassen will, tut daher gut daran, alles beim alten zu lassen und die Fassaden des Bekannten aufrechtzuerhalten. Schöpft der andere trotzdem Verdacht, ist die Sicherheit des Alltags dahin. Besonders dubios sind nämlich Verhältnisse, in denen sich überhaupt nichts bewegt und die Ruhe von keinem Windhauch gestört wird.

Eine fatale Kraft gewinnt der Verdacht, sobald er beide Seiten befällt. Der eine mißtraut dem normalen Eindruck, den der andere zu erwecken sucht. Er hält die Harmlosigkeit für vorgespielt. Was führt der andere Böses im Schilde, daß er mit derart freundlicher Maske auftritt? Weshalb mißtraut er mir, weiß er, daß ich ihm nicht glaube? Die soziale Fassadenkunst bekommt Risse. Der Mißtrauische reagiert seinerseits betont freundlich, was wiederum bei seinem Gegenüber Zweifel aufkommen läßt. Naivität, Unbekümmertheit und Sorglosigkeit nähren den Verdacht, daß sich hinter der Vertrauensseligkeit ein gefährliches Manöver verbergen könnte. So spielen beide dasselbe falsche Spiel. Argwohn verstärkt sich selbst, bis endlich beide Seiten einander zutiefst suspekt sind. Jeder findet seine Vermutungen bestätigt. Je argloser sich der andere aufführt, desto dringlicher wird es, auf der Hut zu sein. Die soziale Welt ist voller Betrüger. Ihnen kann man nur entgehen, indem man die Beteiligung am sozialen Verkehr ganz einstellt.

Einsamkeit

Angesichts sozialer Gefahren scheint Einsamkeit die letzte Zuflucht zu bieten. Sie verspricht einen sicheren Platz jenseits der ungeselligen Gesellschaft, jenseits der Lasten des Sozialen, jenseits von Mißtrauen, Berechnung, Enttäuschung. Meist geschieht der Rückzug allmählich. Zahl und Dichte der Kontakte nehmen ab, die Gespräche werden seltener, die Begegnungen beschränken sich auf das Unvermeidliche. In dem Maße, wie sich der einzelne abwendet, wird er auch von anderen gemieden. Wie die Vergesellschaftung ist auch die Individualisierung ein wechselseitiger Vorgang. Die sozialen Beziehungen kühlen aus, das Reservoir an Themen erschöpft sich. Eine eigentümliche Atmosphäre des Abschieds umgibt den Solitär. Unmerkliche Signale bedeuten den anderen, daß es genug sei. Eine Art Glacis umgibt denjenigen, der nur noch seinem eigenen Gesetz folgt. Wer zu ihm vordringen möchte, muß einen langen Weg hinter sich bringen. Aber je näher er kommt, desto stärker beschleicht ihn das Gefühl, unerbeten, aufdringlich zu sein.

Einsamkeit heißt nicht notwendig Abwesenheit jeder Gesellschaft. Die Negation des Sozialen ist ein Akt der Ablehnung, welcher die Vorstellung der Gesellschaft voraussetzt und bestätigt. Solange der Mensch lebt, wird er die anderen schwerlich los. Als Nachhall vergangener Beziehungen und als Erwartung künftiger Begegnungen bleiben sie gegenwärtig. Zwischen Abkehr und Sehnsucht, zwischen Glück, Trauer und Erbitterung lebt der Einsiedler mit der Gesellschaft im Kopf. Obwohl er seine Existenzweise selbst gewählt hat, entkommt er den anderen nicht. Seine soziale Entfernung ergibt sich aus deren Standort, der Grad seiner Entfremdung bemißt sich an Bekannten und Vertrauten.

Physisches Alleinsein ist nicht dasselbe wie Einsamkeit. Jahrelang können die Geister der Toten die Welt des Nachfahren bevölkern. Sie halten seine Gedanken gefangen, das Gedächtnis überwuchert die Imagination, die Rückschau verhindert den Blick nach vorn. Eine Weile können Erinnerungen Trost spenden, indem sie die Verlorenen vergegenwärtigen. Halblaute Dialoge, Stunden des Gedenkens, plötzlich aufblitzende Reminiszenzen, Momente des Wiedererkennens, alle diese Nachrufe der Vergangenheit mildern die Trauer des Verlassenen. Sie versetzen ihn in eine gegenwärtige Geschichte, in der er Trost, Sicherheit und Zuflucht findet. Die Geister teilen noch sein Leben, sein Glück wie sein Leiden. Sie begleiten ihn auf den alten Wegen, bis sie endlich für immer verschwunden sind.

Umgekehrt drängt sich das Gefühl der Einsamkeit besonders entschieden auf, wenn man sich in der Gegenwart unzähliger Menschen fremd und beziehungslos weiß. Auf einem Versammlungsplatz oder in einer Warteschlange, in einem Festsaal, in der Metro oder im Großraumflugzeug scheint es Zellen der Isolation zu geben, in denen jeder für sich sein kann. Das Nebeneinander ist ein Ort der Trennung und zeitweiligen Erholung. Die Serie, diese Nullform des Sozialen, erspart dem einzelnen die Arbeit der Geselligkeit, entlastet ihn vom Wechsel der Perspektiven und von der Definition der Situation. Der Kampf um Anerkennung ist ausgesetzt. Man braucht weder Rollen zu übernehmen noch Pläne zu schmieden. Inmitten der Gesellschaft kann man sich von der Gesellschaft verabschieden. Obwohl körperlich anwesend, kann der einzelne die Situation hinter sich lassen und seinen Gedanken nachhängen..

Dieser Zustand ist freilich ambivalent. Nirgendwo kann man sich so verloren fühlen wie in einer Vielzahl von Menschen, die einem physisch ganz nahe, aber dennoch vollkommen fremd sind. Zwar erlöst die Menge den einzelnen von Berührungsfurcht, aber häufig wird seine Anwesenheit von den anderen nicht einmal mehr bemerkt. Wie der andere so ist man auch selbst gleichgültig. Wie man die anderen für überzählig hält, so wird man auch selbst für überzählig gehalten. In der Serie treffen sich die Menschen auf dem niedrigsten Niveau der Egalität. Jeder zählt sowenig wie der andere. Alle sind einander gleich. Vor den Begierden oder Anfechtungen anderer ist man sicher. Der Zwang zur Individualität ist aufgehoben. Es bedarf keines Vertrauens, keiner Erfahrung und keiner sozialen Phantasie, um allein in der Menge zu sein. Jeder ist wie der andere. So ist die Vielzahl der Einsamen jener Hort der Sicherheit, in dem jeder für sich und frei von den anderen ist.

Der finale Zustand der Einsamkeit ist erreicht, wenn andere weder physisch noch geistig gegenwärtig sind. Die Erinnerungen sind erloschen, die Erwartungen getilgt. Jenseits der Grenze des Sozialen ist der Mensch nur noch für sich. Er ersehnt weder Hilfe noch Anerkennung oder Berührung, und er erwartet auch keine Angriffe oder freundlichen Wortwechsel mehr. Er ist dabei, die Menschen zu vergessen. Seltsame Wesen sieht er von fern, Kreaturen, die ihn nicht einmal an sich selbst erinnern. Das Sprechen hat er eingestellt, ein eigentümliches Lallen, Murmeln, Singen hört man aus seinem Mund, Geräusche, mit denen er sich versichert, daß er noch da ist. Mit niemandem hält er mehr Zwiesprache. Manchmal huscht ein Grinsen über sein Gesicht, auf Gesten und Zuspruch reagiert er kaum, Blicke erwidert er nicht. Wer ihm ins Auge sieht, erschrickt vor dem leeren Blick, der alles durchdringt. Jenseits der Gesellschaft hat das Gattungswesen alle Fesseln der sozialen Existenz abgestreift. Vor den anderen ist er vollkommen sicher. Doch nach der Verwandlung erwächst eine ungeahnte Bedrohung. Jenseits der Grenze ist das Subjekt eine tödliche Gefahr für andere – und für sich selbst.

VII. Risikowirtschaft

Der erste große Börsenkrach der neuzeitlichen Wirtschaftsgeschichte betraf keine Aktien, Anleihen oder Diamanten, sondern Blumenzwiebeln. Anfang des 17. Jahrhunderts erfreute sich die Tulpe in Westeuropa wachsender Beliebtheit. In der holländischen Oberschicht galt es als Zeichen schlechten Geschmacks, wenn man keine Tulpensammlung besaß. Von Jahr zu Jahr zogen die Preise an. Eine einzige Zwiebel der Sorte »Semper Augustus« kostete zeitweilig 4600 Gulden. Dies entsprach dem Wert eines neuen Wagens oder zweier grauer Stuten samt Geschirr und Zaumzeug. Für eine Zwiebel der Marke »Vizekönig« waren 24 Wagenladungen Korn, 1000 Pfund Butter oder vier Kühe zu zahlen. Dennoch stieg die Nachfrage rapide an. In mehreren Städten wurden Tauschstellen eingerichtet, da sich nicht nur wohlhabende Sammler, sondern auch Schiffer, Handwerker, Torfträger und Trödelweiber an der Spekulation beteiligen wollten. Um den Einschuß gering zu halten, erfand man die Tulpenoption, so daß auch kleine Leute ihre Ersparnisse investieren konnten. Viele Notare, Sekretäre, Auktionäre und Schreiber befaßten sich ausschließlich mit dem Tulpengeschäft. Auf den Kurszetteln in den Wirtshäusern konnte jeder die neuesten Preise verfolgen. Ein Brauereibesitzer aus Utrecht soll sogar seine

Brauerei gegen drei wertvolle Zwiebeln eingetauscht haben.

Im Frühjahr 1637 war es dann soweit. Als auf einer Auktion statt der erhofften 1250 nur 1000 Gulden erzielt wurden, verbreitete sich die Nachricht in Windeseile. Panik brach aus, und die Preise stürzten ins Bodenlose. Viele der Emporkömmlinge mußten plötzlich erkennen, daß ihr Vermögen nur aus ein paar Blumenzwiebeln bestand, die keiner mehr haben wollte. Obwohl der Staat alle vor dem November 1636 abgeschlossenen Kontrakte für ungültig erklärte, nahm die Zahl der Bankrotterklärungen mit jedem Tag zu. Der Tulpenmanie folgte eine Wirtschaftskrise, von der sich das Land erst viele Jahre später erholen sollte.

Die effektivste Institution zur Versorgung einer Gesellschaft ist der Markt. Ohne zentrale Lenkung koordiniert der Preis Angebot und Nachfrage, Arbeit und Konsum. Auf dem Markt treiben Millionen von Menschen miteinander Handel, ohne voneinander zu wissen. Und dennoch gelangen Geld, Dienste und Dinge an den Ort, wo sie gesucht und bezahlt werden. Güter oder Optionen, die nicht mehr gefragt sind, stuft der Markt sofort herab. Gelegentliche Zusammenbrüche dienen dazu, den Markt zu bereinigen und die Menschen wieder zur Vernunft zu bringen. Sie sorgen dafür, daß Träume vom schnellen Reichtum auf den Boden der Tatsachen zurückkehren.

Märkte verteilen Kapital und Arbeit, Kenntnisse und Bedürfnisse. Sie regeln, welche Güter produziert und welche Technologien eingesetzt werden, was die Waren wert sind und wer sie erwirbt. Alle diese Aufgaben erfüllt der Markt, ohne daß die Menschen ihrer persönlichen Habgier entsagen müßten. Märkte kommen ohne höhere Werte aus. Auch wenn sich der einzelne lediglich für seinen Vorteil interessiert, fördert er das Wohl des Gemeinwesens oft auf wirksamere Weise, als wenn er ein fiktives Gemeinwohl zur Maxime seines Handeln erklärt hätte. Egoismus ist dem Wohlstand der Nation oft zuträglicher als verstaatlichte Brüderlichkeit. Zwar garantieren Märkte keine soziale Fairneß, aber sie übertreffen jede Staatsverwaltung bei der Verteilung von Knappheit.

Trotz ihrer Effizienz sind Märkte alles andere als sicher. Wirtschaft ist ein riskantes Geschäft. Zu vielfältig sind die Faktoren, als daß Entscheidungen Sicherheit gewinnen könnten. Die Kosten für Arbeitskräfte, Gebäude, Rohstoffe, Energie oder Kredite unterliegen heftigen Schwankungen. Konkurrenz und Kaufkraft sind kaum vorherzusehen. Kunden kommen und gehen, Preise steigen und fallen. Ein abrupter Mode- oder Modellwechsel kann ganze Lagerbestände entwerten. Neue Technologien lösen gelegentlich eine Schockwelle aus, welche die gesamte Wirtschaft erbeben läßt.

Markt und Konkurrenz

Von allen Teilnehmern des Marktes geht Unsicherheit aus. Die Budgets der privaten Haushalte sind keineswegs stabil. Zwar verschaffen Notgroschen ein Gefühl der Sicherheit, und Vermögen geben Halt in heiklen Zeiten. Aber Stimmungen sind unkalkulierbar. Zuversicht steigert den Verbrauch, Ängste erhöhen die Sparquote und mindern die Kaufwünsche. Auch Investoren richten sich nach Einschätzungen der Zukunft, nach vagen Prognosen, Gerüchten und Vermutungen über Gewinne und Verluste. Je geringer ihr Vertrauen in die wirtschaftliche Entwicklung, desto geringer die Bereitschaft, Kapitalgüter zu erwerben. Und je höher die Ertragserwartungen, desto größer die Enttäuschung, wenn die Gewinne das avisierte Rekordniveau verfehlen.

Schließlich sind auch die Staatsbehörden ein ständiger Herd der Unruhe. Unabsehbar ist die Flut der Ankündigungen und Absichtserklärungen, der Vorschriften und Verordnungen. Alle Details der Wirtschaft sucht der moderne Interventionsstaat zu regulieren. Ein Meinungsumschwung, ein Machtwechsel, ein Skandal – und schon ist der Markt aus dem Tritt. Zahllos sind deshalb die Fehlkalkulationen und betrogenen Erwartungen, die Irrtümer und Illusionen. Wellen des Optimismus werden abgelöst von Wellen des Pessimismus. Dem Aufschwung der Hoffnung folgt unweigerlich der Sturz in die Depression. Doch sind es nicht allein die Einflüsse, Zufälle und Eingriffe, welche den Markt in Atem halten. Dasselbe Strukturprinzip, welches für Wohlstand und Wachstum sorgt, produziert fortlaufend neue Risiken.

Kein Markt ohne Wettbewerb. Die Konkurrenz ist der Motor der Wirtschaft. Unaufhörlich revolutioniert sie die Wirtschaft von innen heraus. Die Hauptkonkurrenz wird nicht um die Preise ausgetragen, sondern um neue Güter, Produktions- und Transportmethoden, neue Versorgungsquellen und Organisationsformen. Diese Rivalität treibt nicht wenige Unternehmen in den Ruin. Die kapitalistische Entwicklung ist ein Prozeß der schöpferischen Zerstörung. Wachstum kostet Verluste, Fortschritt ist Aufruhr. Alle Geschäftsbedingungen stehen zur Disposition. Um nicht überholt zu werden, sieht sich jedes Unternehmen zu Innovationen genötigt. Wer dem Befehl des Marktes nicht gehorcht, scheidet früher oder später aus. Jede Erneuerung bedeutet das Ende der alten Güter, des alten Wissens und des alten Personals. Wer in diesem Wettstreit zu spät kommt, den ereilt der ökonomische Tod.

Die Konkurrenz ist nicht nur wirksam, wenn sie tatsächlich stattfindet. Als Drohung ist sie allgegenwärtig. Bereits die Furcht vor einem möglichen Nachteil treibt zur Anpassung an die Marktlage. Trotz Patent, Preiskartell oder lokalem Monopol nimmt die Konkurrenz schon in Zucht, bevor sie wirklich angreift. Keineswegs bedarf es eines vollständigen Wettbewerbs, damit in der Wirtschaft jene Furcht grassiert, die zur Innovation zwingt. Nur staatliche Bestandsgarantien und Subventionen ersparen Neuerungen – und verführen zur Trägheit. Solange jedoch Rivalen am Markt sind, ist die Auslese unerbittlich. Der Konkurs ist das natürliche Risiko des Wettbewerbs. Alle Wirtschaftstätigkeit ist überschattet von der Gefahr des Ruins.

Anfangs konkurrieren noch viele kleinere Unternehmen um Kapital, Technologien, Arbeitskräfte oder Marktanteile. Doch mit der Zeit steigt die Zahl der Verlierer und die Stärke der Gewinner. Immer mehr kleine Firmen geraten in Abhängigkeit von immer weniger Großunternehmen. Die Marktmacht konzentriert sich bei wenigen Rivalen, die gegeneinander einen erbitterten Wettstreit austragen. Zwischen Monopol und vollständiger Konkurrenz existieren diverse Marktformen mit hohem Risiko. Ohne ständige Wachsamkeit und strategische Voraussicht ist hier nichts zu gewinnen. Je weniger Rivalen, desto argwöhnischer muß einer den anderen beobachten. Auf jede Änderung muß er sofort reagieren. Da sich bei einer oligopolen Struktur meist kein stabiles Gleichgewicht einpendelt, kann der Wettbewerb rasch eskalieren. Die Konkurrenten gehen dazu über, einander zu drohen, Preiskriege vom Zaun zu brechen, Spionage zu betreiben und sich schwächere Gegner einzuverleiben. Das Nebeneinander des Wettbewerbs weicht dem Gegeneinander des direkten ökonomischen Kampfes.

Arbeitsmarkt

Konkurrenz herrscht auf freien Güter-, Finanz- und Arbeitsmärkten gleichermaßen. Der Preis für die Arbeitskraft richtet sich nach Angebot und Nachfrage. Fällt die Nachfrage bei gleichem Angebot, fallen die Löhne. Gleiches gilt, wenn das Angebot bei unveränderter Nachfrage steigt oder wenn die Nachfrage langsamer wächst als das Angebot. Auf dem Arbeitsmarkt erhält man nicht, was einem zusteht oder was man für gerecht hält, sondern was der Vertragspartner zahlen will. Von Verdienst nimmt der Markt keine Kenntnis. Harte Arbeit, Zuverlässigkeit, Initiative, Geschäftssinn, die Prostitution aller Talente, all dies wird manchmal vergolten und manchmal nicht. Daraus folgt jedoch nicht, daß der Arbeitsmarkt zu beseitigen sei, sondern daß niemand wegen fehlender Marktmacht von dessen Chancen abgeschnitten werden darf. Nicht Gerechtigkeit, sondern Gelegenheit ist das Prinzip freier Märkte.

Auf einem freien Markt können Beschäftigte ihren Arbeitsplatz wechseln. Sie sind nicht von einer einzelnen Firma oder Person abhängig. Für diese Freiheit zahlen sie mit existentieller Unsicherheit. Fällt die Nachfrage, drohen Einkommensverluste oder Entlassung. Die Ursachen für Arbeitslosigkeit sind vielfältig: Absatzflauten, Standortverlagerung, veraltetes Berufswissen oder preiswertere Konkurrenz. Besonders gefährdet sind ältere Beschäftigte mit gesundheitlichen Problemen und fehlender Ausbildung. Strukturell wird die Arbeitslosigkeit jedoch erst, wenn trotz eines Überangebots an Arbeitskräften das Niveau der Reallöhne stagniert oder steigt, sei es infolge gesetzlicher Mindestlöhne, sei es wegen starrer Tarifkartelle, welche die Marktkräfte außer Kurs gesetzt haben.

Gewerkschaften agieren als Interessenverband beschäftigter Fachkräfte gegenüber den Kapitaleignern. Arbeitslose haben von ihnen wenig zu erwarten. Der Verband ist seinen Mitgliedern verpflichtet, nicht den Erwerbslosen. Wer Beiträge einzahlt, den schützt er vor den Nachteilen des individuellen Wettbewerbs. Nur im Ausnahmefall wird das Tarifniveau einer Branche unterschritten. So erzielen Gewerkschaften für ihre Mitglieder höhere Löhne, Beschäftigungsgarantien oder Vorkehrungen des Arbeits- und Unfallschutzes. Mit vereinten Kräften suchen sie die Bewegungen des Marktes zu steuern. Um die internationale Konkurrenz auszuschalten und ihre heimische Marktmacht zu sichern, bekämpfen sie die Abwanderung von Betriebsstätten oder die Beschäftigung ausländischer Arbeitskräfte. Mitglieder, die ihren Job verloren haben, neigen oft dazu, auf einen gut dotierten Arbeitsplatz zu warten, anstatt eine schlechter bezahlte Arbeit in einer anderen Branche anzunehmen. Bei starrem Preisgefüge können so überhöhte Reallöhne die strukturelle Arbeitslosigkeit verstärken. Der Erwerbslose jedoch verliert nicht nur das sichere Einkommen zum Lebensunterhalt. Er ist auch einer persönlichen Entwertung ausgesetzt, einem Abstieg in die Isolation. In der Arbeitsgesellschaft gehört er nicht mehr dazu. Als Außenseiter ist er überflüssig.

Die Unsicherheiten des Arbeitsmarktes zügeln die Initiative. Dem Lohnabhängigen fehlt die Chance, über sein eigenes Leben zu bestimmen und sich durch höhere Leistung einen Extragewinn zu verschaffen. Risiko lohnt sich für ihn nicht. Er gewinnt nichts, wenn sein Unternehmen floriert. Ihm bleiben nur die Leiden des Mißerfolgs. Weder die Verantwortung für den Gewinn noch der Stolz auf die vollbrachte Leistung gehören ihm. So strebt er vor allem nach Sicherheit – und nach Verringerung seines Einsatzes. Wem die Erfrischung des freiwilligen Risikos vorenthalten bleibt, setzt nicht auf Disziplin und Kreativität, sondern auf Gewohnheit, Freizeit und Konsum, und wenn ihm hierzu das Geld fehlt, dann zeichnet er einen Kredit oder beansprucht die Hilfe des Sozialstaates. Passivität und Pumpkapitalismus werden durch das Lohnsystem begünstigt. Erst kommen die Schulden, dann der Genuß, schließlich die Arbeit.

Wechselfälle des Bankgeschäfts

Löhne sind der Preis der Arbeitskraft, Zinsen sind der Preis des Geldes. Zinsen dienen als Maß für die Nachfrage nach Geld. Die Vermittlung von Kapital ist das Kerngeschäft moderner Finanzinstitute. Banken versorgen die Wirtschaft mit Zahlungsfähigkeit und transferieren Geld zwischen Darlehensgebern und Darlehensnehmern. Als zentrale Institution der Marktwirtschaft handeln sie mit Zahlungsversprechen, verteilen Liquidität und sichern damit vielen Wirtschaftssubjekten das Überleben. Wenn Haushalte und Firmen nicht über die nötigen Eigenmittel verfügen oder es vorziehen, ihr Sachkapital nicht zu liquidieren, springt die Bank ein, indem sie Geld gegen Zinsen verleiht.

Bei der Gewährung eines Kredits »kauft« die Bank aktuelle Zahlungsunfähigkeit gegen künftige Zahlungsfähigkeit.

Das Kapital hierfür erhält sie von den Einlegern gegen das Versprechen, es künftig mit Zinsen zurückzuzahlen. Die gewonnene Zeit nutzt sie, um für höhere Zinsen das Geld zu verborgen und ihrerseits Zahlungsversprechen zu erwerben. So leihen Banken geliehenes Geld aus und verkaufen Schulden mit Gewinn. Sie ermöglichen Einlegern und Kreditnehmern, Geld zu haben und zugleich nicht zu haben. Der Zins ist der Preis für dieses Geld, und er ist der Lohn für den Verzicht auf Liquidität.

Zahlungsversprechen sind riskant. Obwohl Menschen außerstande sind, sich auf sich selbst zu verlassen, versichern sie einander, künftig ihre Verpflichtungen einzuhalten. Versprechen sind Wechsel auf die Glaubwürdigkeit. Sie sollen Vertrauen schaffen. Im Meer sozialer Ungewißheit bilden sie Inseln trügerischer Sicherheit. Sie binden die Menschen aneinander, denn mit einem Versprechen verpflichtet man sich zu dessen Einlösung. Jeder Vertrag und Finanzkontrakt beruht auf dieser bindenden Kraft des Versprechens. Es macht die Zukunft berechenbar, indem es die Rückzahlung garantiert.

Dennoch ist die Unzuverlässigkeit des menschlichen Subjekts notorisch. Noch vor dem Betrug – dem falschen Versprechen – erstreckt sich das weite Feld der leeren Versprechen. Obwohl ohne böse Absicht abgegeben, werden sie niemals eingehalten, aus Vergeßlichkeit, Unfähigkeit oder Gedankenlosigkeit. Ob der Schuldner seinen Verpflichtungen nachkommt, ist daher niemals sicher. Das Ausfallrisiko gehört zu den unvermeidbaren Konditionen des Kreditgeschäfts. Schuldner leisten vereinbarte Zahlungen nicht, Vertragspartner im Optionsgeschäft erfüllen ihre Lieferverpflichtungen nicht. Sachgüter, die als Sicherheiten eingesetzt waren, verlieren an Wert. Ein Projekt erweist sich trotz günstiger Voraussagen als Fehlschlag, die Verbindlichkeiten des Kreditnehmers übersteigen seine Vermögenswerte – er wird insolvent.

Um solchen Wechselfällen vorzubeugen, begrenzen Kreditgeber das Volumen, erhöhen die Risikoprämie und prüfen Bonität und Zahlungsmoral des Schuldners. Sie verlangen »Sicherheiten«: Bürgschaften, Grundpfandrechte oder Forderungsabtretungen. Je mehr Sicherheiten, desto solider das Vertrauensfundament. Mit der bindenden Kraft des Versprechens begnügen sich Finanzinstitute nicht. Was für den sozialen Risikoausgleich genügt, wäre in ökonomischen Angelegenheiten zu riskant. Um nicht blind zu vertrauen, suchen Banken daher den Informationsvorsprung der Gegenseite aufzuholen. Sie holen Erkundigungen ein, prüfen Informationen mehrfach. Denn allein der Kreditnehmer weiß, ob seine Angaben den Tatsachen entsprechen.

Vertrauen müssen umgekehrt auch die Einleger. Da sie die wirtschaftliche Lage ihrer Bank kaum kennen, können sie nur hoffen, daß das Kreditinstitut die anvertrauten Einlagen zurückzahlen wird. Dem Ausfallrisiko des Einlegers entspricht das Liquiditätsrisiko der Bank. Ist sie außerstande, ihren Verpflichtungen nachzukommen, steht ihre Existenz auf dem Spiel. Vertrauen ist das wichtigste soziale Kapital der Bank; denn Mißtrauen in Finanzfragen kann rasch eine Panik auslösen. Es genügt die Befürchtung, andere Einleger könnten ihr Kapital in den nächsten Stunden zurückfordern, um einen fatalen »Bankrun« auszulösen. Aus heiterem Himmel kommt der Verdacht auf, die Bank stehe kurz vor dem Konkurs. Jedes Dementi verstärkt nur das Gerücht, denn der öffentliche Widerspruch macht weitere Kunden auf das vermeintliche Zahlungsproblem aufmerksam. Immer mehr Kunden eilen zur Bank, um noch rasch vor den anderen ihr Geld in Sicherheit zu bringen. Am Ende fehlen dem Finanzinstitut tatsächlich die Mittel, um sofort alle Forderungen zu erfüllen. Die Prophezeiung hat sich selbst erfüllt.

Um ihre Liquidität zu sichern, halten Banken daher Kassenbestände oder Einlagen bei der Zentralbank. Eine Reserve in Höhe aller Einlagen wäre indes das Ende des Bankwesens. Das Geschäft der Bank ist die Zeit, die Frist zwischen Einlage und Rückzahlung. Absolute und prompte Sicherheit für alle Einleger würde das Finanzinstitut geschäftsunfähig machen. Es könnte keine Kredite vergeben oder selbst Papiere erwerben. So ist das Einlagerisiko des Kunden die Chance der Bank. Wenn aber die Sichteinlagen die liquiden Mittel und kurzfristigen Ausleihungen übersteigen, muß das Risiko begrenzt werden. So forderte einst die »Goldene Bankregel«, daß Kredite, welche eine Bank geben kann, in Betrag, Qualität und Frist den Krediten entsprechen sollen, welche sie selbst genießt. Auch wenn diese Regel heute nur noch abgemildert gilt, erinnert sie doch an das allgemeine Gebot sozialer Äquivalenz. Die Gleichheit von Aktiva und Passiva, von Leistung und Gegenleistung, von Versprechen und Vertrauen ist das Fundament wirtschaftlicher Sicherheit. Die Gegenseitigkeit der Abgeltung mindert das Risiko des ökonomischen Todes.

Auf glattem Parkett

Finanzkontrakte werden nicht nur durch Banken vermittelt. Sie können auch direkt an den Märkten abgeschlossen werden. Die Börse gilt gemeinhin als Hauptplatz wirtschaftlicher Risiken, als glattes Parkett für Anleger, Makler und Spekulanten. Finanzmärkte sind seit je unbeständig, denn auf ihnen wird mit Wetten auf die Zukunft gehandelt. Zwar differiert der Risikograd zwischen Aktien, Optionen, Devisen, Obligationen oder Geldmarkttiteln beträchtlich. Doch selbst festverzinsliche Rentenpapiere, deren Wert wieder in bar an die Eigentümer zurückfällt, sind vor Überraschungen nicht sicher. Bis zum Fälligkeitstermin kann viel geschehen.

Die wichtigste Quelle der Ungewißheit sind auch hier die Absichten und Meinungen der anderen Marktteilnehmer. Um ihre Positionen flüssig zu machen, müssen Anleger sie untereinander verkaufen. Jeder ist auf die Erwartung und Kaufkraft anderer angewiesen. Der Ertrag hängt davon ab, was in ungewisser Zukunft fremde Investoren für Aktien, Renten oder Devisen zahlen wollen. Dies ist weder zu steuern noch zuverlässig vorauszusagen. Von einer Minute zur anderen kann die Stimmung umschlagen, weil Anleger unversehens ihre Taktik wechseln. Plötzlich glaubt man eine Chance zu entdecken, die bisher kaum jemand beachtet hat. Unerwartet verabschieden sich die berufsmäßigen Optimisten von ihren bisherigen Favoriten. Gerüchte, Nachrichten über Zinsveränderungen, Statistiken zum Konsum- und Investitionsklima, Arbeitslosenzahlen, Umsatz- und Gewinnprognosen, Schätzungen angesehener Analysten, hingeworfene Bemerkungen eines Notenbankchefs – solche tagtäglichen Vorkommnisse sorgen dafür, daß kein Handelstag so endet, wie es morgens erwartet worden war.

Nicht alle Informationen gehen sofort in die Preisbildung ein. Wäre jedem Investor alles bekannt, böten Finanzmärkte keine besonderen Renditechancen. Mit Extragewinnen wird nämlich belohnt, wer sich frühzeitig gewinnträchtige Informationen beschafft, das fragliche Papier kauft und so das Wissen am Markt verteilt. In der Regel folgt die Wahrnehmung der Nachrichten jedoch akuten Gefühlen, Gewohnheiten, Moden und Verhaltensstilen. Die Mehrzahl pflegt die Papiere zu kaufen, die sich ohnehin großer Aufmerksamkeit erfreuen. Der Windschatten der Mehrheit verspricht Sicherheit. Was alle tun, kann unmöglich falsch sein. Neid und Risikoaversion verführen zu ökonomischem Konformismus. Um nicht verpaßten Gelegenheiten nachtrauern zu müssen, schließen sich viele Anleger dem Trend an, auch wenn er bereits kurz vor seinem Gipfel angelangt ist. Am Ende der Prozession übersieht man leicht die Zeichen der Wende. Wer zu spät kommt, erkennt den Umkehrpunkt erst, nachdem die Avantgarde ihre Gewinne bereits realisiert hat.

Eine Hausse endet zuweilen in einer Spekulationsblase. Immer mehr Anleger kaufen die Papiere, welche andere bereits erworben haben, weil sie glauben, daß diese Aktien weiter im Wert steigen werden. Ihre Kaufaufträge steigern tatsächlich Umsatz und Kurswert, so daß weitere Mitläufer das Papier erwerben und den Preis noch weiter in die Höhe treiben. Nicht wegen grandioser Gewinne erfüllt sich die Prophezeiung, sondern aufgrund kollektiver Nachahmung und vager Träume. Habgier, Selbstüberschätzung und Konformismus lassen das Risiko vergessen. Viele glauben, den Markt schlagen zu können, und halten schließlich an den zu Höchstkursen erworbenen Papieren auch dann noch fest, wenn die Blase längst geplatzt ist.

Trotz aller Expertisen, Empfehlungen und Prognosen agieren die allermeisten Marktteilnehmer jenseits aller Vernunft. Auf der Suche nach Sicherheiten klammern sich viele an vergangene Erfolgsbilanzen und extrapolieren die Gewinne von gestern in die Zukunft. Zwar sind Gewinner im nachhinein stets deutlich zu erkennen, aber es gibt keine Methode, um die Favoriten der Zukunft vorauszusagen. Aktien guter Unternehmen sind nicht zwangsläufig gute Aktien.

Geld und Charakter

Zuletzt bestimmen Charakter und Persönlichkeit die individuelle Entscheidung. Nervöse Gemüter schichten fortlaufend ihre Depots um und verkaufen vorteilhafte Papiere vor der Zeit. Allzu bedächtige Anleger halten dagegen an verlustträchtigen Papieren fest, um ihren Stolz nicht zu verletzen. Sie wollen sich Fehler nicht eingestehen und beharren auf ihren Irrtümern. Der Widerwille gegen Verluste verleitet zum »Durchhalten« und treibt sie dadurch weiter ins Minus. Hasardeure wiederum setzen alles auf eine Karte, anstatt das Risiko zu verteilen. Vorsichtige Anleger vertrauen der trügerischen Sicherheit des Teilens und Abwartens. Doch bietet ein diversifiziertes Portfolio keine Garantie gegen Verluste, sondern nur dagegen, alles auf einmal zu verlieren.

Mutige stemmen sich stets antizyklisch gegen den Trend und hoffen darauf, daß ihre Zeit noch kommen wird. Zwar gewinnt man nichts, wenn man nichts wagt. Schließlich sind keine großen Gewinne zu erwarten, wenn man keine großen Verluste riskiert. Doch garantieren Wagnisse allein noch keine Gewinne. Papiere, die niemand besitzen will, müssen deshalb noch lange nicht chancenreich sein. Der unbedingte Wille zum Erfolg läßt die Frage vergessen, was zu tun ist, wenn die Wette nicht aufgeht. Wie bei anderen Spielen gilt auch an den Finanzmärkten die Klugheitsregel, daß eine

Strategie, die nur auf Sieg und nicht auf das Vermeiden der Niederlage setzt, mit dem sicheren Untergang endet.

Einen besonders schlechten Ruf genießt die Spekulation. Sie ist nicht am Besitz eines Gutes interessiert, sondern an der Spanne zwischen Kauf- und Verkaufspreis. Ob es um Öl, Weizen, Gold, Geld, Kupfer oder Tulpenzwiebeln geht, um eine Automobil-, Elektronik- oder Minengesellschaft, niemals ist das Objekt das Motiv der Spekulation, sondern die Preisdifferenz. Doch so riskant das Handeln der Hasardeure, die Spekulation erfüllt eine zentrale wirtschaftliche Funktion. Sie verteilt Güter über Raum und Zeit und stellt so einen Ausgleich her zwischen Perioden der Knappheit und des Überflusses. Der Spekulant kauft das Gut billig auf einem Markt, auf dem ein Überangebot herrscht, und verkauft es wieder zu einem höheren Preis, wenn die Nachfrage steigt. So bewegt er das Gut von Niedrig- zu Hochpreismärkten. Sein Gewinnstreben schafft ein Gleichgewicht der Preise und gleicht Konsumschwankungen aus. Es verteilt die Güter von den fetten zu den mageren Zeiten. In der Marktwirtschaft sichert sogar die Bereitschaft zum höchsten Risiko die gesellschaftliche Versorgung mit Gütern.

VIII. Sicherheitsstaat

Von Peter dem Grausamen, dem König von Kastilien, heißt es, er sei ein Freund der Gerechtigkeit gewesen, wenngleich er sie auf eigenartige Weise auszuüben pflegte. Er liebte es, nachts unerkannt in den Gassen Toledos umherzustreifen. Als er wieder einmal Lärm und Tumult veranstaltete, wurde er von einem Nachtwächter, der ihn für einen betrunkenen Bürger hielt, angehalten und aufs kräftigste verprügelt. Kurzerhand tötete der König den Sicherheitsbeamten. Am nächsten Morgen begann die Justiz die Fahndung nach dem Mörder. Eine Anwohnerin hatte den König erkannt und zeigte ihn an. Da begab sich das Gericht geschlossen in den Palast und erhob Anklage. Um der Gerechtigkeit ihren Lauf zu lassen, befahl der König, seinem Standbild aus Stein den Kopf abzuschlagen. Die verstümmelte Statue stand an der Straßenecke, wo er den Mord begangen hatte.

Der Souverän ist vor dem Gesetz sicher, sein Abbild nicht. An ihm wird das Urteil vollstreckt, denn in der Statue ist der König gegenwärtig. Sie ist eine Ikone seiner Herrschaft. Ihre Demolierung bekräftigt die Geltung des Gesetzes – und läßt den Übeltäter ungeschoren. Die symbolische Bestrafung des Souveräns ist eine elegante Lösung für das Dilemma öffentlicher Sicherheit. Der Mörder, Raufbold und Ruhestörer kann nicht bestraft werden, denn er ist der

König. Aber dem Rechts- und Sicherheitsbedürfnis der Untertanen muß entsprochen werden, denn sie tragen den König auf ihren Schultern. Das Verbrechen muß gesühnt, die Rechtsordnung garantiert werden, damit der König im Amt bleibt.

Märkte verknüpfen wirtschaftliche Aktivitäten und sorgen für den Unterhalt der Gesellschaft. Staaten überwachen die sozialen Handlungen und sichern die Ordnung der Gesellschaft. Auf dem Markt zirkuliert das Geld, im Staat konzentriert sich die Macht. Die freie Marktkonkurrenz erzeugt ökonomische Unsicherheit, die Staatskontrolle errichtet ein Gehäuse der Unfreiheit. Nicht nur mit Geld zahlen die Menschen für die Fiktion der Sicherheit, sondern auch mit dem wertvollsten, worüber sie verfügen, mit ihrer Freiheit. Der größte Profiteur ihrer Angst ist der Staat. Er verschafft sich Zustimmung durch die Verheißung von Ruhe und Ordnung. Die Menschen geben ihre Waffen und Stimmen ab und erhalten dafür den Schutzbrief der Staatsbürgerschaft. Sie verzichten auf die Selbstbestimmung, damit der Staat sie voreinander bewahrt. Nicht Wohlfahrt oder Glück sind die ersten Aufgaben des Staates, sondern die Garantie der Unverletzlichkeit. Im Namen des inneren Friedens unterwirft der Staat sich die Gesellschaft, aus der er hervorgegangen ist.

Herrschaft und Sicherheit

Das Versprechen umfassender Sicherheit findet gläubige Anhänger. Die Untertanen verlangen nach Schutz und Geborgenheit. Der Staat soll für das spätere Dasein vorsorgen, in der Not einspringen, vor Übergriffen bewahren. Aus der

Sehnsucht nach Sicherheit bezieht der Staat seine Legitimität. Augenblicklich droht er diesen Bonus einzubüßen, falls ein größeres Unglück geschieht, eine Seuche ausbricht oder ein Blutbad angerichtet wird. Sofort ertönt der Ruf nach verschärften Maßnahmen. Prompt erneuert die Obrigkeit ihr Schutzversprechen, um sich der Treue der Untertanen zu versichern. Die Illusion restloser Sicherheit ist eine Hauptsäule politischer Herrschaft. Nicht Freiheit, Gleichheit oder Solidarität sind die Leitideen heutiger Politik, sondern Sicherheit – jederzeit, überall. Die zentralen Institutionen des Staates sind Organe der Sicherheit: Polizei, Justiz und Militär, Sozial-, Umwelt- und Ordnungsverwaltung. Der heutige Staat ist vor allem Sicherheitsstaat.

Der Staat, dieser sterbliche Gott, soll die Menschen von Todesangst erlösen. Alle Macht soll in ihm vereinigt sein, alle Waffen sollen seinem Befehl unterstehen. Indem er die Gewalt einfriedet, stiftet er öffentliche Ordnung. Die Bürger müssen nicht mehr stündlich um ihr Leben und ihr Eigentum fürchten. Mord und Totschlag, Raub und Betrug werden geahndet. Das Leben ist nicht mehr einsam, armselig und kurz. Der Fleiß gewinnt wieder Raum, da man sich seiner Früchte sicher sein kann. Sobald der Nachbar in die Schranken gewiesen ist, können die Menschen wieder Zuversicht schöpfen. Sie investieren in die neue Ordnung und fassen Mut zu neuen Wagnissen. Sicherheit eröffnet neue Chancen und Risiken. Ohne Eindämmung der Gewalt keine Wirtschaft und keine Gesellschaft; und ohne Ordnung kein Vertrauen, keine Orientierung, keine Zukunft. Daher erlangt jene Macht Anerkennung, die Ruhe und Frieden garantiert. Nicht das Fanal der Freiheit, sondern die Exekutivgewalt der Ordnungsmacht gewinnt auf Dauer Zustimmung. Menschen folgen meist einer alten Entlastungsregel: So nützlich es für das seelische Gleichgewicht ist, denjenigen anzuerkennen, von dem man abhängig ist, so zweckmäßig ist es, diejenige Macht für berechtigt zu halten, die gewonnen hat und fortan für Ordnung sorgt.

Der Kampf um die Macht ist jedoch selbst eine Quelle ständiger Gefahr. In Europa war der Krieg der Vater des modernen Staates. Größe und Macht der Königreiche wuchsen mit dem Wettstreit um die territoriale Souveränität. Um sich gegenüber ihren Rivalen zu behaupten, benötigten die Fürsten Armeen, Festungen und Kanonen. Um aber neue Soldaten zu rekrutieren und die Geschütze zu bezahlen, brauchten sie eine öffentliche Verwaltung, welche die Untertanen erfaßte und die Steuern eintrieb. Über Jahrhunderte dauerte es, bis die Nationalstaaten errichtet, die Ritter, Grafen und Herzöge entmachtet, die Banden zerschlagen und alle Waffenträger der Obrigkeit unterstellt waren. Fehden und Beutezüge, Religions- und Bürgerkriege überzogen das Land. Millionen Tote säumten den Marschweg zum Monopol der Staatsgewalt. Leviathan entstieg einem Meer von Blut und Tränen.

Als endlich die Einheit von Staat und Nation hergestellt war, folgten die Aufstände der unteren Stände und der gefährlichen Klassen. Die sozialen Revolten zielten zwar nicht gegen die Einheit des Staates, wohl aber gegen die Verteilung der Macht und des Reichtums. Erst der moderne Parlamentarismus überführte den Kampf der Waffen in ein Gefecht der Worte. Er hat den Bürgerkrieg zeitweise stillgestellt und regelt Machtwechsel ohne Blutvergießen.

Staatsgewalt

Dennoch bedarf der Staat weiterhin der Gewalt. Ohne wirksame Kontrolle ist Ordnung nichts als eine Fiktion. Will sich der Staat nicht von vornherein selbst aufgeben, muß er sich vor Angriffen schützen. Gewaltfähigkeit ist und bleibt die Basis politischer Macht. Keine Herrschaft ohne Bajonette. Ohne sie verschwände der Staat wieder in der Gesellschaft. Die Streitmacht sichert die Einheit des Staatsgebiets, die Homogenität des Staatsvolks, die Souveränität nach außen und das Gewaltmonopol nach innen.

Das Leben seiner Untertanen schützt der Staat durch die Drohung mit dem sozialen oder physischen Tod. Auch wenn er die Waffen nur selten einsetzt, stützt er sich zuletzt auf seine Streitkräfte. Wer die Ordnung von außen attakkiert, muß mit entschlossener Gegenwehr rechnen. Wer sie von innen angreift, gerät in die Fänge der Strafgewalt. Auf Umsturz und Hochverrat, diesen Kapitalverbrechen an der Staatsordnung, stehen härtere Strafen als auf zivile Delikte. Nach der Errichtung des Zentralstaates gehören Rebellion und Verrat zu den riskantesten Aktivitäten, denen Menschen nachgehen können. So gesellt sich zum unbedingten Glauben an die Sicherheit die Angst vor staatlicher Strafe. Nicht die Überzeugung von der Richtigkeit der Gesetze, sondern die Angst vor Sanktionen treibt die Menschen in den Gehorsam. Weil sie die vernichtende Macht der Staatsgewalt fürchten, fügen sie sich. Sie anerkennen und feiern denjenigen, dem sie unterlegen sind. Ehrfurcht, Angst und Sehnsucht nach Sicherheit sind in der Anerkennung politischer Macht aufs engste verbunden. Herrschaft dämmt die Gewalt ein, indem sie jedermann das Fürchten lehrt.

Dieses Zwangsgehäuse gerät in Zeiten demokratischer Rechtsstaatlichkeit rasch in Vergessenheit. Aber auch Demokratien sind vergänglich. Im Kreislauf der Staatsformen sind sie lediglich eine Episode. Die Zirkulation der Eliten, das System der Repräsentation und der Gewaltenteilung kann binnen kurzem aufgehoben werden. Demokratien sind anfällig für soziale Bewegungen und kollektive Mobilisierung. Im Ernstfall erteilen auch demokratische Regierungen den Schießbefehl. Und bisweilen vollzieht sich der Übergang zum Polizeistaat im Rahmen der Legalität und mit Zustimmung der Mehrheit. Die Befugnisse der Sicherheitskräfte werden ausgedehnt, Verdächtige werden vorsorglich inhaftiert, Sondertribunale eingerichtet, die Folter erneut eingeführt. Im Namen der Sicherheit werden nach und nach die Freiheiten gestrichen. Nun tritt offen zutage, daß politische Macht zuletzt gedeckt ist durch die Verletzungsmacht, die jeder Untertan am eigenen Leib zu spüren bekommen kann. Da man dem Menschen, solange er lebt, immer noch etwas antun kann, gerät die Staatsgewalt nie in Verlegenheit. Auch die Demokratie entkommt nicht dem Teufelskreis der Sicherheit. Ordnung ist zur Eindämmung von Gewalt unerläßlich; aber umgekehrt ist Gewalt notwendig für den Bestand der Ordnung.

Der Staat beendet den Krieg der Bürger. Aber wer schützt die Untertanen vor der Willkür des Staates? Wer stark genug ist, jedermann zu schützen, der ist auch stark genug, alle zu unterdrücken. Despotien können Gewalt oft zuverlässig in Schach halten und das Wirtschaftswachstum energisch fördern. Die Kosten der despotischen Sicherheit sind freilich immens. Was der Untertan gegenüber dem Nachbarn gewinnt, verliert er an Sicherheit gegenüber dem Staat. Die Launen des Tyrannen und seiner zahllosen Gehilfen sind unberechenbar. Sie können Gnade walten lassen oder ungestraft den Gelüsten der Grausamkeit folgen.

Rechtssicherheit?

Gegen Willkür wird gemeinhin ein altes Gegenmittel empfohlen: das Recht. Es dient als Werkzeug und Grenzpfeiler der Macht. Recht ist zugleich ideell und materiell begründet. Machteliten erlassen die Gesetze und erzwingen ihre Befolgung. Aber das Recht ist auch Ausdruck kollektiver Sitten, Traditionen, Gefühle. Seine erste Funktion jedoch ist nicht Gerechtigkeit, sondern Schutz vor Überraschungen. Das Recht reguliert das soziale Leben, indem es dessen Vielfalt auf Standardfälle reduziert. Wo das Recht gilt, wissen die Menschen, woran sie sind. Das Gesetz ist Ordnungsvorsorge. Es sagt, was zulässig oder verwerflich ist. Es schützt vor Willkür und gibt ein Gefühl der Zuverlässigkeit. Ansprüche werden Normen unterworfen, die in Streitfällen eine definitive Entscheidung begründen. Das Urteil stellt fest, was gilt. Das Recht nimmt der Zukunft ihr unheimliches Dunkel.

Doch wird diese Sicherheit erkauft durch neue Furcht. Dem Dilemma der Ordnung entkommt auch das Recht nicht. Es erlangt nur Verbindlichkeit, wenn es durch Strafen gedeckt ist. Die Strafe ist das wichtigste Zwangsmittel des Rechts. Keine Norm ohne Sanktion. Normen dämmen Gewalt nicht nur ein, sie erzeugen sie auch. Indem sie das Normale vom Anomalen scheiden, schaffen sie zwar eine gewisse Sicherheit. Aber die Maßnahme definiert auch die Anlässe, gegen die sie gerichtet ist. Ohne Norm kein Urteil, aber ohne Norm auch kein Verbrechen. Worauf immer seine

Grundprinzipien gegründet sein mögen, das Recht ist ein Verfahren im Kampf gegen das Böse, das es selbst definiert und markiert.

Seit je gehört die Rechtsprechung zu den klassischen Herrscherpflichten. Gesetze werden gesetzt durch die Autorität der Obrigkeit. Mit der Etablierung der Zentralgewalt gingen die Richterämter und legislativen Vollmachten auf den Souverän über. An die Stelle der fallweisen Aufzeichnung trat der Kodex; die Gesetzessammlung ersetzte das Gewohnheitsrecht. Die Legislative forcierte selbst die Expansion des Staates. Rechtseinheit erfordert nämlich auch Staatseinheit. Der moderne Staat hat sich die Rechtsgleichheit für jedermann aufgetragen. Er duldet keine Autonomie, keine rechtsfreien Nischen, keine Privilegien und Sonderrechte. Verstaatlichung des Rechts bedeutete daher auch eine enorme Ausdehnung der Zuständigkeiten. Mit jedem neuen Gesetz wuchsen dem Staat Aufgaben zu, die er sich selbst zuschrieb. Aus dem Justizstaat entstand der Verwaltungsstaat. Von Anbeginn trug das Monopol der Regelsetzung die Tendenz zur Machtexpansion in sich. Was im Dienste der allgemeinen Rechtssicherheit begann, endete schließlich im sozialen Sicherheitsstaat, der sich für alles und jedes zuständig erklärt hat.

Machträume

Eine der wichtigsten Aufgaben der Macht ist die Sicherung des Raums. Ein einheitliches Hoheitsgebiet, unverrückbare Grenzen, befestigte Verkehrs- und Handelswege, die rasche Übermittlung von Nachrichten und Befehlen, die lückenlose Überwachung des Territoriums, alle diese Errungenschaften sind durchweg jüngeren Datums. Der historische Normalfall waren unsichere Grenzen und gefährliche Gebiete. Solange Macht persönlich und unmittelbar ausgeübt wurde, mußte sie mobil sein, um respektiert zu werden. Sie reiste durch die Lande, besuchte Station für Station, sprach Recht von Fall zu Fall, statuierte Exempel, welche die Gegend eine Zeitlang in Furcht und Schrecken hielten. Diese Macht war langsam und lückenhaft, anfällig für Aufruhr und stillen Ungehorsam. Solange die Zentralmacht weit war, regierte vor Ort das Faustrecht, der lokale Grundherr oder das städtische Patriziat. Streitigkeiten und Fehden unter den Stämmen und Kriegsherren bestimmten den Alltag. Uneinsehbar waren die Schattenbezirke, die unheimlichen Räume, in die keine Obrigkeit vordrang: abgelegene Täler, Urwälder, Berghöhlen, finstere Winkel, unterirdische Gänge.

Wälle und Türme schützten die befestigten Siedlungen vor Überfällen. Aber die Sicherheit in diesen Enklaven war trügerisch. Die Geschlechter befehdeten einander, Racheakte waren an der Tagesordnung. Die städtische Plutokratie begrenzte den Kreis der Familien, welche an der Macht teilhaben konnten. Ihre Parteigänger terrorisierten ungestraft die Bevölkerung. Dezentralisation der Macht bedeutete chronische Unsicherheit. Reisen waren gefährlich, denn überall lauerten Strauchdiebe, Wegelagerer, Zöllner der Lokalmacht. Fremde Länder zu besuchen war ein Wagnis. Grenzen waren kaum vermessen und nur notdürftig markiert. Unversehens konnte der Fremdling in eine Gegend geraten, in der er Hab und Gut und Leib und Leben verlor. In Europa dauerte es Jahrhunderte, bis das Staatsgebiet abgegrenzt und die zahllosen privaten Herren der Zentralgewalt unterstellt waren.

Bis heute gliedert sich der öffentliche Raum in Zonen der Sicherheit. Die Aufenthaltsorte der Macht unterliegen strenger Bewachung. Hof und Senat, Ministerium, Parlament und Justizpalast sind in vielen Ländern von einem Bannkreis umgeben, in den kein Protestzug eindringen darf. Über Land bewegen sich höhere Amtsträger oft in gepanzerten Fahrzeugen durch abgesperrte Korridore. Nichts fürchten ihre Leibwächter mehr als unübersichtliche Ansammlungen, unberechenbare Gesten, Angriffe aus dem Hinterhalt.

Auch der gemeine Untertan beurteilt den öffentlichen Raum unter dem Aspekt der Gefahr. Er meidet die Gegenden mit zweifelhaftem Ruf, umgeht die berüchtigten Bezirke, späht argwöhnisch in finsteren Durchgängen, leeren Metrostationen, unbeleuchteten Seitenstraßen umher. Er kennt die Kreuzungen, wo Räuber die Passagiere aus den Autos zerren, die Quartiere, in die man sich ohne triftigen Grund besser nicht hineinwagt, weil dort das Leben eines Fremden wenig zählt.

Zwar hat der moderne Staat die Rivalität der großen Herren beendet und das Territorium seinem Recht unterworfen. Doch nach wie vor ist der Machtraum keineswegs sicher. Noch immer gibt es die Unterwelten, die Reviere der Gangs, die Elendsviertel, die Umschlagplätze der Schattenwirtschaft, die Tatorte der Gewalt. Razzien sorgen hier nur für kurze Befriedung. Kontrolle bleibt eine permanente Aufgabe. Denn inmitten der Gesellschaft wuchern die Abweichungen, die Eigenmächtigkeiten, die Verbrechen.

Zu den sichersten Räumen des modernen Staates zählen die totalen Institutionen: früher das Arbeits- und Waisenhaus, das Spital, die Galeere und die Strafkolonie, heutzutage die Militärkaserne, die Fabrikhalle, das Großbüro oder das Gefängnis. Hier findet man einfache Technologien der Sicherheit, die überall einsetzbar sind: die Verteilung der Körper im Raum und die Formierung ihrer Bewegungen, die porenlose Ordnung der Zeit, die Klassifikation der Individuen, die Hierarchie der Rangstufen, die regelmäßige Inspektion. Diese Verfahren schaffen ein solides Fundament der Kontrolle. Auch die moderne Disziplinarmacht reagiert auf das Problem der menschlichen Freiheit, aber nicht durch Drohung, Angst und Strafe, sondern durch Drill und Überwachung. Sie unterdrückt das Böse, indem sie dem Menschen die Freiheit entzieht und ihn in ein zuverlässiges Subjekt verwandelt.

In der Garnison werden gehorsame Soldaten abgerichtet, welche das Staatsgebiet zu schützen und den Aufruhr niederzuschlagen haben. In der Schule werden Kinder zu staatstreuen Individuen ausgebildet, im Zuchthaus werden Missetäter verwahrt, die sich am Leben oder Eigentum anderer vergriffen haben. Sie kommen nicht mehr – wie in früheren Gemeinschaften – mit Prügel, Bußgeld oder öffentlicher Demütigung davon. Hinter Schloß und Riegel raubt man ihnen die Lebenszeit. Unverbesserliche Subjekte hält man bis zu ihrem Tod im Hochsicherheitstrakt. Doch das Gefängnis, das als Laboratorium der gesellschaftlichen Umerziehung gedacht war, erzeugt nur, was es verhindern soll. Es vermehrt die Laster und bewährt sich tagtäglich als Schule des Verbrechens.

Polizei

Damit Recht und Justiz in Aktion treten können, bedarf es einer Behörde der sozialen Kontrolle. Die Polizei ist das Zentralorgan des modernen Sicherheitsstaates. Sie beliefert die Justiz mit Verdächtigen, observiert die öffentlichen Plätze, sichert die Machträume und verfolgt die Verbrecher. Die Hüter der Ordnung sind im Besitz der legalen Exekutivgewalt. Sie patrouillieren durch die Straßen und inspizieren die Hinterhöfe, schlichten bei Streitigkeiten und registrieren Unfälle, um Beweise für die spätere Schuldzuteilung zu sichern.

Die Polizei schützt Leben und Eigentum der Bürger, vor allem jedoch ist sie für die Staatssicherheit zuständig. Indem sie die Einhaltung der Gesetze überwacht, stellt sie Ruhe und Ordnung her. Und indem sie die Ordnung garantiert, verschafft sie der Macht jene Anerkennung, die ihr Dauer und Gehorsam sichert. Weil sie dem Staatsschutz dienen, erfüllen die Uniformträger eine hoheitliche Aufgabe. Für die Unterdrückung von Unruhe und Krawall halten sie ihre Gewaltmittel in Bereitschaft. Wo immer sich eine Menge zusammenrottet oder ein Protestzug formiert, ist die Polizei zur Stelle. Sie ermittelt bei Verbrechen, welche die Bürger untereinander begehen. Und sie verfolgt alle Aktivitäten, die sich gegen den Staat richten. Ihre Spitzel berichten nicht nur aus der kriminellen Unterwelt. Von überall tragen sie Nachrichten über verdächtige Versammlungen zusammen. Die politische Polizei ist ein integraler Bestandteil der modernen Polizei. Jede Staatsmacht hegt Verdacht gegenüber ihren Untertanen, und es ist die Aufgabe der Polizei, die Situationen des Verdachts rechtzeitig zu bestimmen.

Die innere Sicherheitspolitik endet nicht bei der Bekämpfung der Kriminalität und des Ungehorsams. Ursprünglich bezeichnete der Begriff »Polizey« nichts anderes als »öffentliche Ordnung«. Die frühen »Polizeiordnungen« befaßten sich mit allen Lebensbereichen, mit Sitte und Religion, Hygiene, Landwirtschaft, Handel und Verkehr, Armut und Fürsorge. Die Obrigkeit wollte den Bürger nicht nur vor Raubmördern und Rädelsführern schützen, sondern auch vor Vagabunden, Schiebern und Sittenverderbern. Saubere Straßen, stabile Gebäude, ruhige Feiertage, ehrliches Gewerbe und gesunde Lebensmittel, all dies hat der moderne Staat zu garantieren.

Der totale Sozialstaat

Von der alten Justiz unterscheidet sich die heutige Ordnungspolitik durch das Prinzip der Vorsorge. Nicht Reskript und Repression, sondern Erlaß und Prävention sind ihre Leitideen. Was immer der moderne Mensch tut oder läßt, er stößt unweigerlich auf die Zuständigkeit der Staatsgewalt. Sie entscheidet Konflikte um seine Zeugung, regelt seinen Gelderwerb, formt seine Gesinnung und kümmert sich um seine Hinterlassenschaft. Von der Wiege bis zur Bahre befassen sich Staatsbedienstete mit den Angelegenheiten der Untertanen. Sie versorgen Bedürftige, beschaffen Arbeit und halten die Menschen an, sich gegen Krankheit und Armut zu versichern. Der Staat stützt die Versicherungsgesellschaft, greift direkt in den Markt und ins Privatleben ein. Kein gesellschaftlicher Bereich ist vor seiner Aufsicht und Fürsorge sicher. Den letzten Sieg über die Not hat der Sozialstaat auf sein Programm geschrieben. Allen Untertanen will er zu einem menschenwürdigen Leben verhelfen.

Zuletzt aber ist der soziale Sicherheitsstaat auf die Umgestaltung der Gesellschaft aus. Wie der frühe obrigkeitliche Polizeistaat mischt er sich in alles ein. In einem liberalen Bürgerstaat hätte die bewaffnete Vollzugspolizei nur Gefahren für die gesellschaftliche Freiheit abzuwehren. Der moderne Interventionsstaat indes geriert sich wie das Exekutivorgan eines kollektiven Willens nach umfassender Versorgung. Ausgestattet mit der Fiktion der Volkssouveränität, verspricht er Wohlstand für jedermann. Er verteilt das Eigentum um, lenkt Geldströme in seine Kassen und finanziert damit die Expansion seiner selbst. Die Rhetorik der Solidarität und Gerechtigkeit ist keineswegs uneigennützig. Zustimmung und Folgebereitschaft der Untertanen steigen mit der Illusion der Sicherheit und Glückseligkeit. Die großen Worte sollen den inneren Imperialismus einer Staatsmacht rechtfertigen, die sich selbst erhält, indem sie jeden sozialen Ort zum Schauplatz ihres Gesetzes, ihrer Ordnung, ihrer Ideologie macht.

Ende des Staates?

Trotz aller Vorkehrungen sind die Versprechen des Sicherheitsstaates nicht einzulösen. Mit Hilfe von Steuern, Polizei, Schulpflicht, Marktregulierung und gesetzlicher Sozialversicherung wurde die Herrschaft über die bürgerliche Gesellschaft ausgebaut. Der öffentliche Sektor, Bürokratie und Staatspersonal wuchsen in einem nie gekannten Ausmaß. Unentgeltliches Bildungswesen, Daseinsfürsorge und öffentliche Ordnung galten lange Zeit als selbstverständliche

Leistungen. Aber mit dem Angebot stiegen auch die Erwartungen. Die Standards der Lebenssicherheit erreichten ein historisch einmaliges Niveau. Anspruchsinflation und staatliche Expansion trieben sich gegenseitig in die Höhe. Die Folgen sind unübersehbar: chronische Haushaltsdefizite, Mißwirtschaft, explodierende Steuer- und Abgabelasten, Massenarbeitslosigkeit, Versorgungsmentalität, gesellschaftlicher Stillstand. Reparaturen können den Niedergang des Interventionsstaates allenfalls verzögern, aber nicht aufhalten.

In den meisten entwickelten Ländern ist die Blütezeit des Staates vorüber. Ganze Industriezweige und Dienstleistungen wurden mittlerweile privatisiert, Subventionen gestrichen, Gebühren angehoben, das Personal drastisch reduziert und die Sozialleistungen gekürzt. Der Preis sind soziale Ungleichheiten und Desintegration. Auf das Ende des Wohlfahrtsstaates sind viele Bürger schlecht vorbereitet. Erfolglos protestieren sie gegen das Unausweichliche. Zukunftsangst vermischt sich mit Wut und Empörung. Viele fühlen sich ungerecht behandelt und sehen sich um die Hoffnungen betrogen, die ihnen über Jahrzehnte vorgegaukelt wurden. Andere glauben noch an unveräußerliche Rechtsansprüche auf Solidarität von Staats wegen. Einige nehmen ihr Schicksal selbst in die Hand, unabhängig vom Willen des Staates und manchmal auch mit dem Risiko, in Widerspruch zu seinen Verordnungen zu geraten. In seinem aktuellen Zustand ist der Staat kein Hort des Schutzes, sondern eine Quelle der Unsicherheit. Nun ist der Bürger auch in Zeiten des inneren Friedens vor die Aufgabe gestellt, sich selbst in Sicherheit zu bringen.

IX. Kriegsgefahren

Voller Siegeszuversicht fuhren am 21. Juli 1861 die Pferdewagen mit Reportern, Abgeordneten und anderen Schaulustigen von Washington in Richtung Süden. Der Morgen verhieß einen wunderbaren Tag, hinter Arlington schimmerten die weißen Gebäude in der beschaulichen Landschaft. Der Potomac zog sich wie ein silbernes Band durch das friedliche Bild. Die Schlachtenbummler wollten sich das erste Gefecht zwischen Unionssoldaten und Konförderierten nicht entgehen lassen. Da sie jedoch drei Meilen vor dem Schlachtfeld anhalten mußten, konnten sie außer Rauchwölkchen und Geschützdonner nichts erkennen. Als ein Offizier ungestüm über die Ebene heranpreschte und mützeschwenkend den Sieg der Union meldete, brach lauter Jubel aus. Die Telegramme, die sogleich nach Washington abgingen, erweckten im Weißen Haus große Hoffnungen.

Doch der Siegestaumel war verfrüht. Am Nachmittag rasten etliche Planwagen Richtung Norden. Neben den Wagen rannten Soldaten, Kavalleristen hieben sich mit dem Säbel den Fluchtweg frei. Männer warfen Jacken, Mützen, Gewehre und Gürtel weg, um schneller über eine der Brükken zu entkommen. Ein wilder Wettlauf entwickelte sich, die Disziplin löste sich auf, Soldaten und Zivilisten drängten sich vor den Übergängen. Einige Abgeordnete versuchten vergeblich, Soldaten aufzuhalten, die, meilenweit vom Kampfplatz entfernt, in Panik davonrannten, obwohl weit und breit kein Verfolger zu sehen war. Die Sieger aus dem Süden feierten nämlich am anderen Ufer des Bull Run ihren Triumph. Sie waren vollauf damit beschäftigt, Hunderte von gefangenen Unionssoldaten zusammenzutreiben. Zur Verfolgung waren sie nach dem eintägigen Gefecht nicht mehr imstande. Am nächsten Morgen verwandelte ein Unwetter alle Wege in Matsch. Während im nahen Washington Angst und Aufregung herrschten, gab es für die Sieger in den Depots von Manassas keinen Proviant mehr. So dauerte der amerikanische Bürgerkrieg weitere vier Jahre, bis auf den Avenuen Washingtons die siegreichen Armeen der Union defilieren konnten.

Kriegszeiten sind gefährliche Zeiten. Die Gewalt verwüstet Stadt und Land, tötet unzählige Menschen und ruiniert die Existenz der Überlebenden. Der Krieg zerreißt die sozialen Bande und vertreibt Menschen aus ihrer Heimat. Heiligtümer und Denkmäler werden geschleift, Bilder und Schriftrollen gehen in Flammen auf. Nichts verschont der Krieg. Er zerstört Kultur und Tradition, Wirtschaft und Gesellschaft, Körper und Seele. Krieg ist ein totaler Zustand. Er besetzt die gesamte Lebenswelt. Zwar gibt es Regionen relativer Sicherheit, in denen der Alltag unverändert fortzudauern scheint. Nicht jeder Krieg verwandelt die gesamte Gesellschaft in ein Schlachtfeld. Wo aber der Kriegsgott das Schwert gezückt hat, herrschen Schrecken und Angst. Dort weiß niemand, ob er den nächsten Tag überleben wird.

Krieg bedeutet kollektives Töten und Getötetwerden. Was immer als Ziel ausgegeben wird, die Kräfte der Zerstörung folgen ihrem eigenen Gesetz. Der Krieg nährt den Krieg. Er ist eine gigantische Verzehrung von Energie, Erfindungsgeist, Mut und Willenskraft. Was Jahrzehnte des Aufbaus bedurfte, kann in wenigen Sekunden zunichte sein. Obwohl diese Katastrophe von Menschen angezettelt wird, ist die Verantwortung nicht immer eindeutig. Konstellationen, Zwänge und Strukturen übersteigen häufig die Macht einzelner Urheber. Kriege pflegen alle Pläne und Vorstellungen hinter sich zu lassen. Es kommt meist schlimmer, als es sich der bösartigste Kriegstreiber ausgemalt hat. Nicht ohne Grund haben die Menschen den Krieg als ein Verhängnis, als eine Geißel des Schicksals erlebt. Wie eine fremde Macht überrollt er die Gesellschaft und hinterläßt ein Heer von Toten, Verstümmelten, Gezeichneten.

Kriege währten indes kaum länger als ein, zwei Tage, würden nicht unzählige Menschen bereitwillig aufeinander losgehen. Sie ziehen in den Krieg, um einander zu töten, sei es aus Pflichtgefühl, Geldnot oder Rachsucht, Vaterlandsliebe oder Gottesfurcht, Langeweile oder Abenteuerlust. Was immer die Motive sind, alle folgen sie dem Lockruf des Kriegsgotts. Sie haben Gefallen am Töten und führen Befehle aus, die gar nicht erteilt werden müssen. Sie riskieren ihr Leben, um ihren Landsleuten Sieg und Sicherheit zu bringen.

Die Gründe des Krieges sind oft banal. Wie auch sonst lenken niedere Instinkte und hochfliegende Ideen, Irrtümer und Fehlprognosen die Entscheidungen. Für den Grad an Rationalität ist es unerheblich, ob Könige oder Kanzler, Volksversammlungen oder Generalstäbe, Päpste oder Mullahs zu einem Feldzug aufrufen. Torheit, Ruhmsucht und Opferbereitschaft, Machtwille und Beutegier können jeden befallen. Daß Demokratien keine Kriege führen, ist eine historische Legende. Daß Kriege allein wegen wirtschaftlicher Vorteile oder politischer Kalküle begonnen werden, ist nichts als ein populäres Vorurteil. Feldzüge sollen keineswegs nur Machtgebiete ausdehnen. Der Krieg kann auch als Mittel des Rechts oder der Religion dienen. Manche Waffengänge werden als Strafaktion ausgerufen, um einem Gesetz Geltung zu verschaffen. Im Namen der Ehre werden Fehden ausgefochten. Gegen Ungläubige und Ketzer rufen Prediger Kreuzzüge aus. Für den Glaubenskämpfer ist der Heilige Krieg nicht die Fortsetzung der Politik, sondern der Religion.

Bis zum letzten Blutstropfen werden jene Kriege ausgefochten, bei denen die Existenz einer Gemeinschaft auf dem Spiel steht. Geht es um Sein oder Nichtsein, zeigt sich der Krieg in seiner reinen Form, jenseits des Kalküls der Selbsterhaltung. Der Existenzkampf ebnet den Unterschied von Mittel und Zweck ein. Die Menschen geraten in einen Selbstlauf der Gewalt, ohne recht zu wissen, warum und wofür. Je größer Leid und Zerstörung, desto weniger können sie verlieren. Je weniger sie aber zu verlieren haben, desto größer die Entschlossenheit, damit die Opfer nicht umsonst gewesen sind. Im Existenzkampf ist jeder Tote ein weiterer Grund, den Krieg fortzusetzen, mit allen Mitteln und ohne Rücksicht auf weitere Verluste.

Gefühle, Kalküle

Der Krieg ist das Risiko schlechthin. Sein Ausgang ist ungewiß. Stünde das Ergebnis von vornherein fest, würde das Gefecht sofort erlahmen, weil der Verlierer aufgeben und der Sieger sich langweilen würde. Die offene Zukunft ist die Voraussetzung des bewaffneten Konflikts. Der Kampf jedoch beginnt nicht mit dem Angriff, sondern mit der Verteidigung. Ohne Gegenwehr kein Krieg. Eine Invasion ist kein Krieg, solange die Attackierten keinen Widerstand leisten. Erst der Verteidiger nimmt den Kampf auf. Um den Abtausch der Schläge zu eröffnen, bedarf es daher nicht nur des Willens zum Töten, sondern auch der Bereitschaft zum Widerstand, zum Einsatz des eigenen Lebens. Zum Gefecht kommt es nur, wenn sich Angriffslust mit Opfermut paart.

Mit Aggression allein ist kein Krieg zu gewinnen. So sinnlos das Ergebnis oft ausfällt, der Krieg fördert neben den niederen Instinkten auch die höchsten Tugenden zutage: Altruismus, Gemeinschaftsgeist, Mut. Seit je ist das Kriegshandwerk das angestammte Feld der Courage. Die Kraft, die Todesangst zu überwinden, zeigt sich nirgendwo deutlicher als angesichts vieler Todfeinde. Wagemut und Tapferkeit gelten als die Kardinaltugenden des Waffenträgers. Der Augenblick höchster Gefahr ist der Moment der Angst – und der Freiheit. Wer keine Zukunft mehr zu haben glaubt, ist jeder Sorge ledig. Erregung, ja Heiterkeit kann den Krieger erfassen, wenn er dem Tod ins Auge blickt. Daß Menschen trotz Schmerz und Leid immer wieder vom Krieg in den Bann gezogen werden, liegt nicht zuletzt an jener Angstlust, welche das letzte Risiko, die Konfrontation mit dem Tod, begleiten kann. Sie erleben die Schrecken des Krieges nicht als Katastrophe, sondern als Herausforderung, als Wagnis.

Nicht nur für die Seele, auch für den Verstand ist der Krieg das riskanteste aller menschlichen Unternehmen. Nichts verlangt einen kühleren Kopf als physische Feindschaft. Weil jede Bewegung des anderen lebensgefährlich werden kann, gewinnen Nachrichten, Voraussagen und Pläne eine unvergleichlich dramatische Bedeutung. Nicht umsonst ist der Krieg das Hauptfeld für Aufklärung, Strategie und Taktik. Die Strategie beschafft die Ressourcen und verteilt die Destruktivkräfte, die Taktik legt fest, wie die Schlacht geschlagen wird. Die Aufklärung sammelt die Informationen, um die Pläne auf ein halbwegs stabiles Fundament zu stellen. Alle Operationen haben denselben Zweck. Sie zielen gegen Zufälle und Friktionen, vor allem aber gegen die Unwägbarkeit des Gegners. Er ist die Quelle aller Gefahr. Feinde sind immer für böse Überraschungen gut. Aber je besser man präpariert ist, so der Traum der perfekten Strategie, desto leichter ist der Feind zu parieren. Je mehr man von seinen Absichten weiß und je weniger er von den eigenen Plänen kennt, desto günstiger die Lage.

In der Feindschaft sind Gefahr und Unsicherheit jedoch wechselseitig. Strategie ist nichts anderes als die Kunst, den Gegner zu besiegen, wohl wissend, daß jener dasselbe vorhat. Jede Seite bedient sich der Tarnung, und jede entwirft ihre Schlachtpläne insgeheim. So entkommt zuletzt keiner dem Dilemma der strategischen Feindschaft. Da die Gegenseite ihre Absichten abrupt ändern kann, ist es vernünftig, sich mehrere Optionen offenzuhalten. Damit erhöht man die eigene Flexibilität, aber auch diejenige der Gegenseite, die aus wohlverstandener Vorsicht genau dasselbe tut. Was man an eigener Beweglichkeit gewinnt, verliert man durch die Unberechenbarkeit des Feindes. Je mehr man das eigene Risiko zu verringern sucht, desto mehr wird der andere zur tödlichen Gefahr.

Krieg der Soldaten

Die meisten historischen Kriege wurden nicht zwischen Staaten ausgefochten. Ihre Akteure waren Stämme und Horden, in militärische Tracht gehüllte Gefolgsleute hoher Herren, zusammengewürfelte Söldnertrupps, Gesindelbanden oder Bürgerwehren, die aus der Mitte der guten Gesellschaft kamen. Nur drei Jahrhunderte, von 1648 bis etwa 1945, dauerte die Epoche, in der in Europa Nationalstaaten Krieg führten. Diese Konstellation war historisch einzigartig. Sie setzte ein stehendes Heer und die Trennung von Regierung, Militär und Bevölkerung voraus. Aufgaben und Lasten waren klar verteilt: Die Staatsführung führte den Krieg, die Streitkräfte kämpften und starben, und das Volk zahlte und litt.

Der Staat ist der Monopolist des modernen Krieges. Er allein erklärt, führt und beendet den Feldzug. Nicht Unternehmer oder Söldnerführer, sondern das Kriegsministerium rekrutiert die jungen Männer und schickt sie ins Gefecht. In der Kaserne, diesem sicheren Hort der Herrschaft, werden bis heute die beschlagnahmten Männer zu Soldaten geformt, durch Arbeit und Drill, Befehl und Gehorsam.

Der Soldat ist die Sozialfigur des modernen Staatenkrieges. In den Ketten der Ranghierarchie und Schlachtformation hat er einen festen Platz. Seinen Sold bezieht er vom Staat. Auch wenn er die Offiziere haßt, gegen die Institution des Militärs verschwört er sich nicht. Ihr verdankt er seinen Status und sein Auskommen. Dafür erträgt er die Härte des Kasernenregimes und die Strapazen des Krieges. Unzählige Demütigungen trägt der Soldat in sich. Dafür ist er befreit von den niederen Aufgaben des Polizeidienstes. Abgeschottet von der bürgerlichen Gesellschaft, hat er als einziger Berufsstand die Freiheit, sich den ganzen Tag damit zu beschäftigen, wie man seinesgleichen töten und die Welt zerstören kann. Ob als Freiwilliger oder Wehrpflichtiger, als Zwangsrekrut oder Bürgermilizionär, der Soldat verkörpert die Streitkraft des Staates. Er dient der Macht, der Nation, dem Volk. Ehre und Mission des Kriegers sind im Soldaten zu Arbeit und Beruf geworden.

Mit dem Fortschritt der Waffentechnik entwickelte sich der Fußsoldat der Volks- und Massenheere zum Techniker des Tötens. Moderne Soldaten sind nicht mehr überall einsetzbar. Sie haben spezielle Geräte, Maschinen oder elektronische Apparaturen zu bedienen. Ein Artillerist taugt nicht als Panzerfahrer, Bordmechaniker oder Navigator. Die Produktion militärischer Sicherheit erfordert neben Drill und Disziplin vor allem Arbeitsteilung, Teamarbeit und Fachkenntnis. Und sie verlangt einen gigantischen Apparat der Versorgung. In der modernen Armee werden die Kampftruppen von einer Logistik unterstützt, die den alten Troß um ein Vielfaches übertrifft. Es ist die gesamte militärische Organisation, die, einmal in Gang gesetzt, wie eine riesige Maschinerie abläuft. Angetrieben wird sie jedoch von Menschen, die ihre Arbeit verrichten, Befehle ausführen und zuverlässig ihr Vernichtungswerk erfüllen.

Kriegsrecht

Der Status des Soldaten wird geschützt durch die Verrechtlichung des Krieges. Konventionen sollen Zivilisten und Kombattanten vor den Exzessen der Grausamkeit bewahren. Soldaten gelten nicht als Verbrecher, die für ruchlose Ziele kämpfen, sondern als Männer, die ihre Pflicht gegenüber ihrem Souverän erfüllen. Geraten sie in Gefangenschaft, müssen sie sich nicht mehr mit Lösegeld freikaufen. Seit der Einführung stehender Heere werden Kriegsgefangene ihren Fängern abgenommen. Sie werden entweder interniert und versorgt oder sogleich ausgetauscht. Gewiß ist es auch in modernen Kriegen häufig vorgekommen, daß jeder Pardon verweigert wurde. Um die Willkür des Siegers einzuschränken, fordert das Recht Schutz und Schonung. Verwundete werden auch von den Ärzten der Gegenseite versorgt, feindliche Offiziere genießen mitunter eine Art Gaststatus, die Mannschaften indes pfercht man meist in Festungen oder Lager, zwingt sie zur Arbeit, bis sie irgendwann freigelassen werden.

Auch die Schonung der Zivilbevölkerung gebietet das moderne Kriegsrecht. Schon immer waren Frauen, Kinder und Greise Opfer des Krieges, bei Belagerungen, Beutezügen oder Besetzungen. Leben und Besitz der Besiegten gehörten den Siegern. Verschleppung und Notzucht begleiteten die Eroberung feindlicher Territorien. Die Idee, Kriege unter Ausschluß der Völker zu führen und den Gegner auf abgestecktem Gelände mit uniformierten Verbänden auszumanövrieren, war nur eine absolutistische Utopie aus der Zeit der Kabinettskriege. Die Realität sah immer anders aus. Fiel eine Streitmacht ein, begannen für die Zivilbevölkerung unsichere Zeiten. Sie mußte Kontributionen entrichten, Hilfsdienste leisten, Quartiere bereitstellen, Hunger und Requirierungen ertragen. Zogen die Truppen weiter, war die Region oft ausgeplündert. Die großen Volksheere lebten meist von dem Land, in dem sie sich gerade aufhielten. Zogen sie sich zurück, hinterließen sie verbrannte Erde.

Mit der Monopolisierung der Staatsgewalt wurde auch eine Trennlinie gezogen zwischen legalen Kombattanten,

Irregulären und Unbeteiligten. Das Militär ist ein separater Verband jenseits der bürgerlichen Gesellschaft. Für ihn gelten spezielle Regeln. Zivilisten hat er vor Gewalt zu schützen. Wer hingegen ohne Uniform aus dem Hinterhalt kämpft, darf keine Schonung erwarten. Er begeht ein Verbrechen. Es ist die Konvention, die den Begriff des Kriegsverbrechens bestimmt. Wäre im Krieg alles erlaubt, wäre die Unterscheidung zwischen Kampf und Mord hinfällig.

Der totale Krieg

Die Verstaatlichung der Produktionsmittel führte vielfach zu Mißwirtschaft und Hungersnot; die Verstaatlichung der Gewaltmittel hinterließ Verwüstung und Vernichtung. Trotz aller Regeln endet die Geschichte der Staatenwelt nicht mit einer Friedensbilanz. Im Gegenteil: dem inneren Imperialismus der Staatsgewalt entspricht die Totalisierung des Krieges. Nur der moderne Steuerstaat war in der Lage, Technik und Organisation des Krieges bis zum Äußersten zu steigern. Nur eine zentrale Exekutive vermochte Millionenheere zu mobilisieren und alle wirtschaftlichen Kapazitäten der totalen Kriegführung zu unterstellen. Nur der Staat war imstande, Wissen und Wissenschaft für die Entwicklung von Massenvernichtungswaffen aufzubringen.

Schon die napoleonischen Massenheere verwandelten jeden Bürger in einen Soldaten und jeden Soldaten in einen Bürger. Der Erste Weltkrieg beschleunigte die technische Innovation und unterwarf ganze Gesellschaften dem Regime der Kriegswirtschaft. Während des Zweiten Weltkriegs wurde auch das zivile Hinterland zum Schlachtfeld. Der deutsche Vernichtungsfeldzug auf dem Balkan und in

Osteuropa machte keinen Unterschied mehr zwischen Kombattant, Partisan und Zivilist. Das strategische Flächenbombardement der Alliierten gegen Deutschland und Japan zielte auf die feindliche Gesellschaft insgesamt, ihre Infrastruktur, ihren Überlebenswillen. Der letzte Akt totaler Zerstörungskraft war der Abwurf der Atombomben auf Hiroshima und Nagasaki. Im Augenblick seiner Perfektion schaffte sich der moderne Krieg selbst ab.

Totalisierung bedeutet nicht nur Potenzierung der Zerstörungskräfte, sondern auch eine Transformation des Krieges. Die Differenz von Militär und Zivilist ist eingeebnet; die Konventionen, welche Verwundete und Unbeteiligte schützen sollen, sind außer Kraft gesetzt. Im totalen Krieg werden viele Kriegsgefangene gar nicht mehr ausgetauscht, sondern ausgehungert oder durch Zwangsarbeit zugrunde gerichtet. Die vertikale Ausdehnung des Schlachtfeldes zum Luftkrieg tötet weit mehr Zivilisten als Kombattanten. Nicht mehr Seuchen, Krankheit und Hunger fordern die meisten Kriegsopfer, sondern die direkte Gewalt. Neben Gefechten finden zahllose Massaker statt, an Gefangenen, Frauen und Kindern. Auch reguläre Soldaten verwandeln sich regelmäßig in willige Exekutoren des Kriegsterrors. Die Wechselseitigkeit des Kampfes weicht der Asymmetrie des Massakers.

Anfangs war die Gewalt des eingehegten Staatenkrieges im Prinzip begrenzt. Sie zielte auf Annexion und Kapitulation, nicht auf Ausrottung. Der bewaffnete Machtkonflikt bezweckte die Zerstörung einer Armee oder eines Herrschaftssystems, nicht die Vernichtung von Menschen in großer Zahl. Der totale Krieg indes trägt die Tendenz zur Ausrottung in sich. Er ist kein Kampf zwischen Armeen, sondern zwischen Gesellschaften. Wenn jeder Bewohner des anderen

Landes als Feind gilt, kennt die Gewalt keine Unterschiede mehr. Wer unterliegt, wird getötet. Jeder Überlebende könnte ein künftiger Feind sein. Der totale Krieg hinterläßt, zu Ende gedacht, nur menschenleere Territorien. Diese Katastrophe endet im Nichts.

X. Terror

Während der Belagerung Sarajevos durch serbische Kanonen wurden die Bezirke der Altstadt regelmäßig von muslimischen Kommandos durchkämmt. Abend für Abend kamen sie aus ihren Verteidigungsstellungen herunter in die Stadt und ergriffen Hunderte von männlichen Zivilisten, die sie als lebende Schutzschilde an die Frontlinien trieben. Ihre Kommandeure waren stadtbekannte Mafiosi, Drogendealer und Menschenhändler, von denen einige gute Verbindungen ins westliche Ausland unterhielten. Die Banden durchsuchten Haus für Haus und transportierten die letzten serbischen und kroatischen Familien ab. Frauen und Kinder brachten sie zwar meist wieder zurück, die Männer jedoch blieben verschwunden. Auch die Söhne der höchsten bosnischen Armeeoffiziere sowie die Leibwächter des Präsidenten gerieten in ihre Fänge. Polizei und Militär waren gegen das Treiben der Banden machtlos. Gegen die serbischen Belagerer kämpften sie zwar Seite an Seite. In der Stadt jedoch konkurrierten sie um die Vormacht. In dem jahrhundertealten »Schmelztiegel« westöstlicher Kulturen und Religionen verfolgten die Milizen alle Bewohner, die keine Muslime waren oder ihren Geschäften im Wege standen.

Auch Staaten nutzen den Schrecken als Mittel des Krieges. Doch was dem Militär als spezielle Strategie dient, ist in den wilden Kriegen der Gegenwart die Regel. Für die privaten Kriegsherren, Marodeure und Kommandos ist Angst die wichtigste Waffe. Sie verdanken dem Terror ihre Existenz. Sicherheit oder Frieden kämen ihnen ungelegen. Kompromisse sind ihnen ebenso zuwider wie die Pflichten eines Waffenstillstands. Jeder Vertrag brächte sie um die Vorteile der Willkür. An der Bildung einer Nation haben sie kein Interesse, es sei denn, der neue Rumpfstaat erweiterte ihre Pfründe. Auch wenn Militär in den Konflikt verwickelt ist, der aktuelle Terrorkrieg, der vielerorts den Globus heimsucht, gehört einer neuen Epoche an: der Zeit nach dem Zentralstaat.

Terror zersprengt das Gewaltmonopol des Staates. Das Recht des Krieges ist aufgehoben. Debatten über die Legalität einzelner Gewaltformen sind nicht auf der Höhe der Zeit. Mit Kriminalität ist der heutige Terror keinesfalls zu verwechseln. Er ist kein Fall für die Strafjustiz, sondern für Spezialkommandos und Geheimdienste. Der Schrecken ist nicht länger ein politisches Verbrechen, er ist die Essenz des Krieges. Dieser wird ohne Erklärung eröffnet, und er endet, wenn das Land ausgeblutet ist. Es beginnt mit einem Überfall, dessen Urheber oft unbekannt sind; dann folgen Anschläge, Raubzüge und Massaker, bis sich die Gewalt in der Region festgesetzt hat. Manche Kriege dauern Jahrzehnte. Nach Episoden der Waffenruhe flackern sie erneut auf. Wie Schwelbrände versengen sie das Land, ohne daß ein Ende absehbar wäre.

Schauplätze, Motive

An vielen Orten des Erdballs findet der Terrorkrieg statt: in Kolumbien und Peru, in West- und Zentralafrika, auf dem Balkan, in West- und Mittelasien, in Indonesien und Somalia, im Irak und in Palästina. Mittlerweile ist er auch in die nördliche Hemisphäre vorgedrungen. Islamistische Djihadisten sind mehrfach in die Metropolen eingesickert, nicht wenige Gotteskrieger sind sogar in der westlichen Gesellschaft aufgewachsen, die sie hassen und zutiefst verachten.

Seine territoriale Basis jedoch hat der Terror in Regionen ohne Zentralgewalt. Die wichtigsten Stützpunkte befinden sich zur Zeit in Pakistan und Usbekistan, auf den Philippinen, im Kaukasus, in Albanien, Syrien und im Sudan. In einigen Regionen haben bewaffnete Gruppen die wirtschaftliche Infrastruktur okkupiert. Sie treiben Schutzgelder ein, belegen die Einwohner mit Zwangsabgaben, bezahlen ihre Krieger und gewähren Hinterbliebenen eine Art Sozialhilfe. Moderne Staatsapparate sucht man vergebens. Das Regime der Kriegsherren stützt sich nicht auf eine Bürokratie, sondern auf persönliche Treue und Patronage. Der Haushalt wird nicht mit Steuern gefüllt, sondern mit Lösegeldern, Schutzgebühren und Überweisungen von Exilanten. Es sind keineswegs die ärmsten Regionen, in denen die Gewalt grassiert. Elend oder imperiale Unterdrückung sind für die neuen Kriege weder eine notwendige noch hinreichende Bedingung.

Die Motivlagen sind vielfältig: ethnische oder religiöse Gegensätze, soziale Entwurzelung oder Stammesloyalität, Machtgier, Fanatismus, Rivalitäten um Diamanten, Rauschgift oder Edelhölzer, Fremdenhaß oder Nachbarschaftsneid, Hunger, Mordlust oder pubertärer Geltungsdrang. Alle niederen Instinkte des Gattungswesens finden ein Betätigungsfeld, wenn die soziale Kontrolle zusammenbricht. Im Terrorkrieg winken Befriedigungen aller Art: Reichtum und Prestige, Erlösung und Ruhm, Sex und Gewalt.

Mit nationaler Befreiung oder sozialer Gerechtigkeit haben die Kämpfer wenig im Sinn. Sie sind nicht darauf aus, die Grenzen eines Staates zu verrücken oder eine ethnische Identität zu verteidigen. Sie benötigen keinen ideellen Vorwand, kein religiöses Dogma oder politisches Ideal. Der neue Krieg will keine Gesellschaftsordnung umstürzen. Er speist seine Triebkräfte aus den Genüssen des Schreckens. Der Terrorkrieg wird um seiner selbst willen geführt. Er lebt von Haß, Ressentiment und vom Triumph des Exzesses. Und er ernährt diejenigen, die ihn führen. Krieg ist ihr Leben, und ihr Leben ist der Krieg.

Nicht Soldaten oder Freischärler sind die willigen Exekutoren des Schreckens, sondern Menschen, die gemeinhin als Terroristen, Banditen oder Räuber gelten. Eine zentrale Befehlshierarchie oder Heeresverfassung sucht man vergebens. Viele Banden und Kommandos führen den Krieg auf eigene Faust. Sie stehen nicht im Sold einer Regierung, sondern eines privaten Kriegsherrn, eines Clan- oder Milizenchefs. Manche folgen dem Charisma eines Anführers, eines Predigers oder einer fernen Lichtgestalt, die sie allenfalls von Bildern oder Tonbändern kennen. Ihr Netzwerk ist locker geknüpft. Meist operieren sie in kleinen Teams. Attentäter, die sich unter dem Schutz der Konspiration bewegen, kennen die Stimme ihrer Mittelsmänner sogar nur aus dem Mobiltelefon.

Die Schauplätze wechseln. Ein offenes Schlachtfeld gibt es nicht, keine Frontlinie, kein Niemandsland, kein Hinterland. Jeder Ort kann zum Schlachtplatz werden: ein Hotel, ein Flugzeug, ein Dorfplatz oder ein naher Wald, eine Barrikade, eine Botschaft, eine Polizeistation, eine Touristensiedlung, ein Bahnhof, eine Ausfallstraße, ein Schulgebäude. Kein Ort ist vor der Gewalt sicher, weder die Militärkaserne noch das Ministerium, weder die Pizzeria, der Marktplatz noch das Musiktheater.

Terror verwandelt alle sozialen Räume in Orte höchster Gefahr. Auf Schonung darf niemand hoffen. Und dennoch wissen die Bewohner sehr genau, welche Winkel und Wege riskanter sind als andere. Sie laufen rascher über die Sichtschneise der Heckenschützen, drücken sich an Häuserwänden entlang, meiden das Schußfeld der öffentlichen Plätze oder die Straßensperren, wo obskure Gestalten herumlungern und von jedem Passanten Wegezoll einstreichen. Die Einheimischen verfügen über eine innere Landkarte des Schreckens. Sie teilen ihre Welt ein in todesgefährliche, brisante und halbwegs sichere Zonen. Manchmal bevorzugen Attentäter dieselben Lokalitäten, die sie unbemerkt erreichen können. Mutige Anwohner suchen diese Brennpunkte des Kleinkriegs mit Vorsatz auf, um öffentlich darzutun, daß sie sich nicht einschüchtern lassen – bis zum nächsten Blutbad. Bombenleger, die mit den Gewohnheiten der Bevölkerung rechnen, wechseln dagegen die Tatorte. Plötzlich schlagen sie zu, wo es bislang niemand erwartet hat. Sie demonstrieren ihre Vernichtungsmacht, indem sie den gesamten Raum in eine Todeszone verwandeln.

Terror ist wahllos, ziellos und unberechenbar. Ein Kampf findet nicht statt. Die Konstellation ist strikt asymmetrisch. Denn die Opfer, ob uniformiert oder nicht, haben keine Möglichkeit zur Gegenwehr. Die Wechselseitigkeit von Angriff und Verteidigung ist aufgehoben. Terror gestattet keinen Widerstand. Mut ist ebenso nutzlos wie Feigheit. Die alten Tugenden des Krieges sind entwertet. Wenn nicht mehr gekämpft wird, gibt es nur noch Täter und Opfer.

Terror verändert die Grundstruktur des Krieges. An die Stelle von Manövern und Gefechten, in denen feindliche Verbände aufeinander treffen, sind Überfälle, Anschläge, Schießereien oder Massaker getreten. Im Kleinkrieg ohne Fronten ist die Trennung zwischen Militär und Zivil weitgehend aufgehoben. Statt komplizierter technischer Systeme benutzen die Krieger billige und handliche Waffen: Autobomben, Maschinenpistolen, Bazookas, Messer, Gas. Ihre wichtigste Waffe jedoch ist die Angst. Terror soll die Menschen durch Entsetzen lähmen. Dies unterscheidet Terror von allen anderen Formen der Gewalt. Die Attacke soll überwältigen, dem Menschen seine Handlungskraft rauben, seinen Widerstandsgeist vernichten. Terror will keinen Sieg erringen, sondern Panik stiften, nicht Ordnung schaffen, sondern Chaos. Er ist die schärfste Herausforderung jeder politischen und sozialen Ordnung. Und er ist der gefährlichste Feind des Menschen. Der Schrecken ist der antisoziale, antihumane Zustand schlechthin.

Vom Terrorismus zum Terrorkrieg

Nicht gegen Opfer, sondern gegen die Überlebenden und Unbeteiligten richtet sich die Gewalt. Der alte Terrorismus hatte ausgewählte Vertreter von Staat oder Wirtschaft im Visier. Der heutige Terrorkrieg ist summarische, willkürliche Gewalt. Wen es trifft, ist völlig zufällig. Wer gerade am Ort ist, wird zum Opfer. Während die alten Kriegsstrategien Friktionen auszuschalten suchten, ist der Zufall der zuverlässigste Verbündete des Terrors. Solange die Gewalt nur bestimmte Personen tötete, konnten sich alle anderen relativ sicher fühlen. Wenn es aber jeden treffen kann, ist jedes Gefühl von Sicherheit dahin. Selektiver Terror spaltete die Gesellschaft in diejenigen, die um ihr Leben fürchten mußten, und jene, die sich weiterhin in Sicherheit wiegen durften. Totaler Terror hingegen zielt gegen alle. Er will die gesamte Gesellschaft paralysieren.

Welches Ziel hat die Erzeugung kollektiver Angst? Hat Terror überhaupt einen Zweck jenseits seiner selbst? Die Erläuterungen sind mannigfaltig. Die Angst soll angeblich den Gegner zermürben, demoralisieren, bestrafen oder seine politischen Loyalitäten zerreißen. Einst galten Anschläge als Propaganda der Tat, die als Funken den Zunder des Aufstands entflammen sollte. Die Untaten der Schwachen sollten den Mächtigen zu einer Überreaktion provozieren, die ihn vor aller Augen ins Unrecht setzte.

Von diesem Kalkül hat sich der Terrorkrieg weit entfernt. Die Rechtfertigungen sind beliebig, austauschbar. Blutbäder werden im Namen alter oder neuer Ordnungen angerichtet, des rechten Glaubens oder der Vorsehung. Manchmal stehen auf den Fahnen höchste Werte: Volk und Vaterland, Gott und Gerechtigkeit, Freiheit und Fortschritt. Nichts davon ist wahr. Terror ist keine höhere Form des Tötens. Ideen und Phantasien erklären nichts, sie öffnen nur eine Schleuse: Denn je weiter die Ziele gesteckt und je höher die Werte geschätzt sind, desto mehr Opfer sind erlaubt, wenn nicht geboten.

Ziele läßt der Schrecken ohnehin rasch hinter sich. Das Massaker ist weder eine Fortsetzung der Politik noch der Ökonomie. Ebensowenig ist das Blutbad eine Form der Kommunikation. Die Gewalt sagt nichts, sie übermittelt keine Botschaft. Die Errichtung des zentralen Kalifatstaates, wie ihn die islamistischen Gotteskrieger angeblich erstreben, ist derart weit von jeder Realität entfernt, daß er unmöglich die Praxis der Gewalt zu steuern vermag. Nicht anders verhält es sich mit der Vermehrung des Reichtums. Gewiß muß auch der Terrorkrieg finanziert werden, und nicht selten sind Marodeure von Räubern kaum zu unterscheiden. Doch besagt die politische Ökonomie des Terrors über dessen Eskalationen nicht das Geringste.

Terror trägt die Dynamik der Entgrenzung in sich. Die Angst ist nicht von Dauer, denn auf Dauer läßt es sich mit Angst nicht leben. Die Menschen flüchten oder passen sich der Gefahr an. Deshalb muß Terror stetig gesteigert werden. Verfliegt die Angst, verfehlt er sein Ziel. Der Schrekken steht unter dem Zwang zur Totalität. Die Zahl der Opfer muß erhöht, die Angst geschürt werden. Was anfangs noch die Verletzbarkeit des Feindes vor Augen führen sollte, wird zum Akt der Massenvernichtung. Der Meuchelmord weicht dem Massaker, der Terrorismus dem Terrorkrieg. Dessen einziger Sinn ist die Fortsetzung seiner selbst. Es liegt in der Logik der Eskalation, daß der Terror sein Terrain immer weiter über den Globus ausdehnt und Autobomben durch Gas oder Uran zu ersetzen sucht. Am Ende ist der Schrecken nichts als Gewalt um ihrer selbst willen, ohne politischen, wirtschaftlichen oder gar heiligen Hintersinn. Sein finales Stadium hat er erst erreicht, wenn alles dem Erdboden gleichgemacht, wenn alle Menschen tot sind.

Herren des Schreckens

Während sie die Welt ins Chaos stürzen, leben die Exekutoren des Terrors oft in relativer Sicherheit. Anders als das Kriegsgefecht sind Anschläge oder Raubzüge für die Täter wenig riskant. Solange die Sicherheitsvorkehrungen lückenhaft sind und keine Spezialkommandos die Fährte aufgenommen haben, können die »Krieger der Angst« ihre Macht genießen. Erst wenn ihre Tarnung auffliegt und sie eingekreist und gezielt angegriffen werden, wird es für sie ungemütlich.

Der Staatenkrieg schuf die Figur des Soldaten. Jenseits von Befehl und Gehorsam hat der Terrorkrieg eine Vielzahl von Gewalttätern hervorgebracht. Die Leitfigur ist der Kriegsfürst. Drogenbarone, Clanchefs, Kleriker oder Milizführer sind die wirtschaftlichen und politischen Nutznießer des neuen Krieges. Nur der Krieg macht sie zu dem, was sie sind. Nur durch Gewalt behauptet der Warlord seine Führungsrolle. Stets ist er umgeben von einer Schar ergebener Gardisten, die sein Leben schützen. So umrankt ihn eine Aura der Unverletzbarkeit. Auf seinem Territorium ist seine Macht nahezu unbegrenzt. Entschlüsse fällt er aus freier Willkür. Gesetze setzt er aus eigener Vollkommenheit. So oft er will, darf er den Tod verhängen. Immer wird sein Urteil ausgeführt, falls er es nicht sogar mit eigener Hand vollstreckt. Eigenhändig schneidet er dem Gefangenen die Kehle durch. Ihm kommt der größte Schrecken zu. Der Terror ist sein Recht, und für dieses Recht wird er von seinen Anhängern verehrt.

Der Kriegsherr ist General, Unternehmer, Richter und Henker in einem. Manchmal eilt ihm der Ruhm des alten Kämpfers voraus, der Jahre der Todesgefahr überlebt hat.

Einige werden wegen ihrer Brutalität respektiert, andere wegen ihrer unerbittlichen Glaubensstärke. Doch hat das Charisma eine materielle Grundlage: die Macht über den Tod und die Macht über das Geld. Der Kriegsfürst regiert wie ein absoluter Herrscher. Er ist niemandem verpflichtet und wechselt die Allianzen, wie es ihm nützlich erscheint. Sein Opportunismus verschafft ihm Freiheit nach allen Seiten. Schutz gewährt er nur, wenn der Preis stimmt. Seinen Klienten macht er Angebote, die jene nicht ablehnen können. Ganze Landstriche plündert er aus und beliefert den Weltmarkt mit Drogen, Erzen oder Frauen. Hilfskonvois läßt er ausrauben, und die Flüchtlingslager dienen ihm als unerschöpfliches Reservoir für den Nachwuchs. Finanziert wird der Krieg der billigen Waffen nämlich auch durch humanitäre Hilfe. Jeder Transport, der die Straßensperre passiert, füllt die Kriegskasse und die Taschen des Herrn. Der Terror alimentiert sich aus der Spende. So tragen Mitleid und guter Wille zur Fortsetzung des Schreckens bei.

Terror ersetzt Tausch durch Raub. Gewalt war schon immer die preiswerteste Methode des Besitzwechsels. Plünderung, Tribut und Erpressung, Versklavung und Mädchenhandel sind die Formen der neuen Raubökonomie. Der Kriegsherr ist ein kühler Rechner. Aber mit den Prinzipien der Kostenersparnis und modernen Betriebsführung hat seine Kalkulation nichts zu tun. Es ist nicht der Geist eines wild gewordenen Kapitalismus, der den Terrorkrieg bestimmt. Die neue Kriegswirtschaft ist eine Ökonomie des Zwangs und der Zerstörung. Die Ressourcen werden ausgebeutet und verschleudert. In die Zukunft investiert niemand.

Der wichtigste Gefolgsmann des Kriegsherrn ist der Marodeur. Er ist kein Glaubenskrieger und benötigt auch keinen ideellen Vorwand. Ideologie oder Tradition kümmern ihn nicht. Seine Brutalität ist berüchtigt. Marodeure martern und töten, wie es ihnen gefällt. Unangefochten kontrollieren sie das Terrain ihres Herrn. Sie bevölkern die Straßensperren und öffentlichen Plätze. Doch die einzige Sicherheit, für die sie sorgen, ist ihre eigene. Gegenüber den Einwohnern ist ihre Willkür unbegrenzt. Während der Partisan im Schutz der Bevölkerung operiert, für deren Sache er zu kämpfen vorgibt, kennen Marodeure nur die Bande ihrer Spießgesellen. Sie schlachten auch diejenigen ab, die sie angeblich befreien wollen, sie brennen Dörfer nieder, plündern die Häuser, rekrutieren Halbwüchsige und zwingen Mädchen zu sexuellen Diensten. Unangefochten genießen sie die Macht und den Exzeß.

Marodeure kommen aus der Nachbarschaft, aus privaten Söldneragenturen, manchmal auch aus der Kaserne. Im wilden Krieg fällt rasch die Trennmauer zwischen Militär und Mörderbande. Die Fesseln der Disziplin sind rasch abgestreift. Die Demütigungen, die der Soldat im Leib hat, kann er als Marodeur doppelt und dreifach zurückgeben. Die Kompanie wird zur Bande. Am Kampf haben Marodeure wenig Interesse. Ein Schußwechsel wäre zu riskant. Sie bevorzugen den Hinterhalt, den Überfall, das Massaker. Oder sie feuern blind in der Gegend herum, verpulvern Magazin um Magazin. Ehre, Handwerk und Kriegskunst des Soldaten, des Freischärlers und des alten Söldners sind ihnen unbekannt. Der Partisan bewegt sich unerkannt, schlägt zu und verschwindet. Söldner kämpfen in kleinen Trupps, mit hohem Tempo und unter dem Schutz des Geheimnisses. Soldaten operieren meist auf Befehl in geschlossenen Verbänden, um ihr Feuer zu konzentrieren. Mit Munition gehen alle Krieger sparsam um. Schneid, Klugheit und Opfermut sind weder dem Partisan noch dem Soldaten abzusprechen. Der Marodeur jedoch kennt keine Tapferkeit. Er entführt Touristen und erpreßt Lösegeld. Er drangsaliert die Bevölkerung, raubt, was nicht niet- und nagelfest ist. Und er sucht das Erlebnis des Tötens ohne Risiko.

Heckenschützen, Geiselnehmer

Einer der gefährlichsten Akteure des Terrorkrieges ist der Heckenschütze. Er tötet kaltblütig und ohne Bedenken. Niemand ist vor ihm sicher. Weder Beruf noch Geschlecht oder Alter seiner Opfer kümmern ihn. Im Fadenkreuz sind alle gleich. Wer zufällig ins Visier gerät, den streckt er nieder. Aufmerksam überwacht er das Sichtfeld, wechselt unbemerkt die Stellung und durchstreift das Revier, das er zu beherrschen sucht. Wie ein Jäger ist er unterwegs – auf der Suche nach menschlicher Beute. Da er jede Deckung nutzt, bekommt ihn keiner zu Gesicht. Er hat keine Gestalt, keinen Namen. Unheimlich ist seine Macht über den sozialen Raum. Unerkannt pirscht er sich an sein Ziel heran. Niemand ahnt, wie er von dem verborgenen Blick erfaßt wird. Der Terror des Schützen beginnt mit einer Attacke auf die Ordnung der Sichtbarkeit. Er zerstört die Illusion, im Augenblick der Entscheidung könne man dem Todfeind noch rechtzeitig Aug' in Aug' entgegentreten.

In den Kriegen der Gegenwart rechnen Heckenschützen längst zum Stammpersonal. Ob in Beirut, Kabul, Grosny, Hebron oder Samarra, die Winkel und Ruinen der Städte bieten ideale Deckung. Im Krieg der Armeen riskieren Heckenschützen, rasch entdeckt und erschossen zu werden. Im neuen Krieg ist diese Gefahr weitgehend gebannt. Zivilisten abzuschießen ist für die Täter ohne Gefahr. Sie töten aus sicherer Entfernung. Doch sind sie ihrem Opfer näher, als es zunächst den Anschein hat. Den Gewehrkolben an die Wange gepreßt, verfolgt der Schütze im Fernrohr die Bewegungen des Ziels. Das Fadenkreuz wandert über den Körper, den Rücken, die Brust, den Kopf des Opfers. Drei oder vier Atemzüge lang pendelt das Ziel um die Sichtlinie, dann drückt er ab. Ein heimlicher Ehrgeiz treibt den Scharfschützen. »One shot, one kill«, lautet der Leitspruch seiner Profession. Anders als der Marodeur spart der Schütze Munition. Die Kopfprämie bemißt sich auch an seinem Aufwand. Da er an Plünderungen und Raubzügen nicht teilnimmt, ist sie sein einziger Kriegslohn.

Das Risiko der Terrorkrieger steigt, sobald sie zum offenen Angriff übergehen oder von der Gegenseite gestellt werden. Im Schutz der Dunkelheit ein ungesichertes Dorf zu überfallen, eigenhändig gefertigte Bomben am Rand einer Hauptstraße zu deponieren und sie per Fernzünder zur Explosion zu bringen, Lkw-Fahrer oder ausländische Aufbauhelfer und Journalisten zu entführen und Lösegeld zu erpressen, mit Minenwerfern blindlings in eine wartende Menschenmenge zu feuern oder einer Geisel vor laufender Kamera die Kehle durchzuschneiden, solche Attacken, wie sie zuletzt im Irak zu beobachten waren, erfordern keine besondere Courage. Der Täter vergreift sich an Wehrlosen. Bevor die Attackierten reagieren können, ist er bereits im sicheren Versteck verschwunden.

Anders verhält es sich mit jenen Stoßtrupps, die einen Ort überfallen und dort eine Weile ausharren. Polizeistationen, Ministerien, Supermärkte oder Schulen anzugreifen verlangt Planung, Infiltration, geheime Absprachen, koordiniertes Vorgehen. Es sind die spektakulären Geiselnahmen und Attentate, welche die Schrecken des Krieges mitten in die Zivilgesellschaft tragen. Die Kommandos riskieren, vorzeitig entdeckt, am Tatort eingekreist und beim Schußwechsel getötet zu werden. Bei Geiselnahmen spekulieren die Täter darauf, eine Zeitlang von den Körpern ihrer Gefangenen geschützt zu werden. Auf einen Tausch können sie nicht hoffen. Denn anders als die kriminelle Erpressung unter Privatpersonen zielt die terroristische Geiselnahme gegen die Souveränität der Staatsmacht. Aber kein Untertan ist dem Staat so teuer, daß er dafür seine Raison aufgeben würde. Seine Schutzgarantie gilt nur so lange, wie seine eigene Existenz, sein Gewaltmonopol nicht in Frage steht.

Zu den grausamsten Taten der letzten Jahre gehören die Überfälle tschetschenischer Kommandos auf Schulen, Krankenhäuser oder Musiktheater. Hunderte von Geiseln wurden ergriffen, Befreiungsversuche endeten regelmäßig in einem Blutbad. Die Forderungen waren immer so hoch gesteckt, daß sie unmöglich zu erfüllen waren. Auf ein Geschäft waren die Terrorkrieger nicht aus. Aber auch der eigene Tod war nicht in jedem Falle geplant. Zwar befanden sich in den Kommandos auch »schwarze Witwen«, junge Frauen, denen man einen Sprenggürtel umgelegt hatte. Doch waren sie keine Selbstmordattentäterinnen, sondern »lebende Bomben«, die beim Sturmangriff der russischen Spezialtruppen von ihren männlichen Anführern per Fernzünder in die Luft gejagt wurden.

Selbstmordattentäter

Geiselnehmer hoffen meist noch auf Flucht und Rettung, der Selbstmordattentäter hat mit seinem Leben bereits abgeschlossen. Er geht gar kein Risiko ein, denn seine Aktion ist todsicher. In dem Augenblick, da er die Tat begeht, ist es für ihn zu Ende. Vor allem im Orient ist er die Leitgestalt des Terrorkriegs. Ob auf Sri Lanka, in Jerusalem oder Mossul – nur die Sekunden der Explosion bezeugen seine Existenz. Der Selbstmordattentäter bricht mit dem Prinzip der Selbsterhaltung. Er geht von vornherein aufs Ganze. Er weiß, daß er nicht zurückkehren wird. Abschreckung schreckt ihn nicht. Indem er stirbt, macht er sich unbesiegbar. Wie alle Attentäter zeigt auch der Selbstmordbomber, daß jede Staatsmacht verletzbar bleibt. Keine Macht ist so vollkommen, daß sie vor einem Angreifer sicher wäre, der sich selbst als Waffe benutzt. Kein Regime vermag die ursprüngliche Gleichheit der Menschen aufzuheben: die physische Verletzbarkeit jedes einzelnen. Obwohl militärisch vollkommen unterlegen, kann der Attentäter kurzzeitig ein Gleichgewicht des Schreckens herstellen, ja sogar einer gesamten Zivilisation Angst einjagen.

Der Selbstmordattentäter ist nicht feige, aber heimtükkisch. Er geht nicht mit offenem Visier ins Gefecht. Daher gehören die japanischen Kamikazepiloten nicht in seine Ahnengalerie. Der Bombenleger tötet Wehrlose. Seine Motive sind vielfältig. Keinesfalls sind die Anschläge der letzten Jahrzehnte auf blinden Fanatismus zurückzuführen. Im Libanon wurden die meisten Attentate von weltlichen Gruppen verübt. Sie waren anfangs weniger islamistisch als nationalistisch eingestellt. So frenetisch mancherorts der Märtyrerkult gepflegt wird, die Religion ist nicht die Ursache der

Tat, sondern ein Reservoir an Sinn und Rechtfertigungen. Für Haß und Empörung bedarf es keiner religiösen Inbrunst. Für Lebensverachtung genügt ein Team Gleichgesinnter, die Hörigkeit gegenüber einer Autorität, die Erfahrung eigener Ohnmacht oder die Phantasie der Omnipotenz. Die Avantgarde des wilden Krieges hat das Kalkül der Sicherheit weit hinter sich gelassen. Sie ist für die Welt so gefährlich, weil sie selbst jede Gefahr verachtet.

Die Schwäche des Starken

Terrorkrieger operieren jenseits allen Kriegsrechts. In Zeiten des Schreckens ist alles erlaubt. Damit wird auch die Gegenseite an den Rand der Konvention gedrängt. Auch Demokratien greifen jetzt offen zu illegaler Gewalt. Ihre Spezialkommandos führen einen Schattenkrieg, in der Öffentlichkeit jedoch gerät das staatliche Militär immer wieder in ein Dilemma. Da Schlachten selten und direkte Schußwechsel zufällig sind, agiert das Militär meist wie ein robuster Polizeiverband. Es durchsucht, patrouilliert, verhaftet summarisch. Unter den Gefangenen finden sich manche Feinde, aber auch viele Unbeteiligte.

Im Terrorkrieg verpufft die Vernichtungskraft einer hochgerüsteten Armee wirkungslos. Für den Straßen- und Häuserkampf taugen keine Jagdbomber oder Panzerdivisionen. Des letzten palästinensischen Aufstands erwehrte sich die israelische Armee durch rituelle Straßenschlachten und regelmäßige Razzien. Häuser von Attentätern planierte sie zur Vergeltung mit gepanzerten Bulldozern. Wohnviertel durchkämmte sie, um Aktivisten aufzuspüren und die Einwohner einzuschüchtern. Feindliche Kommandeure jagte sie mit Scharfschützen und Helikoptern. Jeden Winkel konnten die Hubschrauber unter Feuer nehmen. Kameras in ferngelenkten Drohnen und Ballons überwachten die Feuerzone. Meist waren die Angreifer bestens über den aktuellen Aufenthalt eines Terrorführers unterrichtet. Spitzel hatten die palästinensische Gesellschaft vollständig durchsetzt. Aufklärung und Präzision zeichneten diese Attacken aus. Man hat sie zu Unrecht als Exekutionen ohne Urteil gebrandmarkt. Dies ist eine kategoriale Verwechslung. Die Angriffe waren keine Strafexpeditionen. Cisjordanien unterliegt nicht der nationalen Strafjustiz Israels. Es war eine Kopfjagd auf altbekannte Kriegsfeinde. Den Einsatz massiver Destruktivkräfte hat Israel immer gescheut, weil damit jeder Friedensschluß unmöglich würde. Die US-Truppen in Afghanistan oder im Irak hingegen konnten nicht in die einheimischen Gesellschaften einsickern. Sie kennen für die Welt der Terrorkrieger nur Vernichtung. Gelegentlich werden ganze Städte zerstört, um ein paar Bombenwerkstätten, Haftlokale und Verstecke zu finden. Diese Siege für die Sicherheit kosten einen hohen Preis.

Siege des Schwachen

Im Terrorkrieg ist nichts ruhmvoller als das Überleben des Schwachen. David hat immer recht, ob er verliert, gewinnt oder die Flucht ergreift. Noch der kleinste Widerstand nährt seinen Kampfgeist. Der Angriff kann sinnlos, heimtückisch, barbarisch sein, keine Greueltat mindert die politische Unterstützung für den Schwachen. Jede neue Untat beweist seine Existenz und Entschlossenheit. In der arabischen Welt genießen die Djihadisten breite Sympathie. Im alten Westeuropa, wo Ressentiments gegen die Hegemonialmacht USA weithin verbreitet sind, erschrickt man zwar vor der Brutalität der Gotteskrieger, gewährt ihnen aber insgeheim den Bonus des Schwachen. Es ist, als verschaffe Unterlegenheit einen moralischen Vorteil, auch wenn der Unterlegene ein Massen- oder Kindermörder ist.

Die überlegene Streitmacht indes kann fast nur verlieren. Nichts ist fruchtloser als eine Serie immer neuer Siege, die nichts entscheiden. Ein Triumph gerät leicht zur Niederlage. Denn alles, was der Starke tut oder unterläßt, erscheint als unnötige Grausamkeit. Eine einzelne Untat genügt, um einen Sturm der Empörung zu entfachen. Dem Überlegenen bleibt kaum ein Ausweg. Zurückhaltung wird ihm als Schwäche ausgelegt und ermuntert die Gegenseite zu weiteren Anschlägen. Ein langer Krieg gegen einen Unterlegenen ruiniert die Selbstachtung; Brutalität jedoch zerstört die Kampfmoral und den Sinn für Gerechtigkeit.

Die wichtigsten Tugenden im Krieg gegen den Terror sind Unerschütterlichkeit und Selbstkontrolle. Kaltblütigkeit zügelt die Panik, Disziplin feit vor Überreaktionen. Zahllos sind die Einsatzregeln regulärer Armeen zur Niederschlagung von Aufständen und zur Jagd auf Terrorkrieger. Artilleriefeuer auf jugendliche Steinewerfer ist ebenso unstatthaft wie das brachiale Flächenbombardement eines verdächtigen Stadtquartiers. Razzien dürfen nicht in Exzesse, Verhöre nicht in Folter ausufern. Während dem Terrorkrieger alles erlaubt ist, ist der Soldat von Verboten umstellt. Sie sollen ihn vor sich selbst und die Truppe vor Demoralisierung bewahren.

Doch hindert der Regelkodex die Soldaten daran, frei zu operieren und selbst die Initiative zu ergreifen. Die Vorschrift soll das Kriegsverbrechen unterbinden, aber sie liefert den Soldaten dem Terror aus. Niemals darf er Gleiches mit Gleichem vergelten. Er muß sich zügeln, auch wenn dies Verluste kostet. Zerfällt diese Disziplin, verletzt das Militär seine eigenen Regeln. Im schlimmsten Fall verkommt es zu einem Killerkommando oder einer bewaffneten Bande. Um Disziplin und Befehlskette zu sichern, werden Exzesse daher intern verfolgt oder aber angeheuerten Helfern überlassen. Die Privatisierung der Kriegsgewalt hat nicht nur ökonomische Vorteile. Sie sichert auch die Grenzen des regulären Militärverbandes. Jenseits der Konvention übernehmen Söldner und Sicherheitsdienste den Auftrag der Soldaten. Die Differenz von Krieg und Verbrechen schwindet. Die Konventionen zum Schutz Unbeteiligter werden gestrichen. Am Ende werden sich auch die privaten Kämpfer ihren Sold aus dem Land holen. Sie werden plündern, brandschatzen, foltern und vergewaltigen, bis sie von den Marodeuren der Gegenseite kaum mehr zu unterscheiden sind.

Eine reguläre Streitkraft, die sich selbst entwaffnet, gerät in höchste Bedrängnis. Obwohl bis an die Zähne bewaffnet, kann sie zuletzt keine Sicherheit garantieren. Es genügt eine einzige Niederlage, und sie meidet fortan den Kampf. Will sie nicht so werden wie die Gegenseite, darf sie ihre Regeln nicht dem Exzeß anpassen und den Terror nicht zur eigenen Regel machen. Zwischen Exzeß und Geduld, Vergeltungsdrang und Disziplin bewegt sich die Kunst des Antiterrorkrieges auf einem schmalen Grat. Vermutlich bewährt sich jedoch auch im Kampf gegen den Terror der alte Erfahrungssatz, daß ein rasches Ende mit Schrecken einem Schrecken ohne Ende vorzuziehen sei.

XI. Frieden und Sicherheit

Im Januar 1912 hielt der britische Publizist Norman Angell, Verfasser eines internationalen Bestsellers über die ökonomische Antiquiertheit des Krieges, einen weithin beachteten Vortrag vor Londoner Bankiers. Er beschrieb die Globalisierung der Wirtschaft, die gegenseitige Abhängigkeit der Nationen und die internationale Zusammenarbeit in zahlreichen Lebensbereichen. Der Handel habe den Krieg abgelöst, und für das Kapital sei Gewalt ein reines Verlustgeschäft, lautete seine Botschaft für die Zuhörer, von denen viele deutscher Abstammung waren. Ein großer Krieg sei nicht zu erwarten, denn wegen der Verflechtung der Weltwirtschaft sei jeder Krieg unnütz. Da in Europa bereits Ordnung und Zivilisation herrschten, sei jede Eroberung überflüssig.

Angells Schilderung entsprach der Erfahrung der allermeisten Zeitgenossen. Sie lebten in einem Europa mit expandierendem Handel, Transport- und Nachrichtenwesen, mit wissenschaftlicher Kooperation und kulturellem Austausch. Der Frieden war Anfang des 20. Jahrhunderts der historische Normalfall. Das Bürgertum erwartete stete Fortschritte in materieller, geistiger und moralischer Hinsicht. Die arbeitenden Klassen erhofften dasselbe, wenngleich durch radikale Reformen oder Revolutionen beschleunigt.

Seit 1815 hatte es auf dem Kontinent keinen Krieg unter Beteiligung aller Großmächte mehr gegeben. Seit 1871 hatte kein Soldat einer europäischen Macht mehr auf einen Soldaten einer anderen europäischen Macht geschossen. Die Nationen suchten ihre Opfer unter den Völkern anderer Kontinente. Die Marokkokrisen hatte man mit lautstarken Erklärungen bereinigt. Der Balkan galt zwar als Pulverfaß, doch das Problem war bekannt und lag für die allermeisten Westeuropäer auf einer anderen Landkarte. Trotz vager Befürchtungen und militärischer Aufrüstung erwartete niemand den Ausbruch des Großen Krieges. Bis zur letzten Minute vertraute man in den Hauptstädten noch auf die bewährten Mittel diplomatischer Krisenbewältigung. Als die Mobilmachung nicht mehr aufzuhalten war, erkannten nur wenige das Ende eines Zeitalters.

Kein Friede währt ewig. Die Zeit des Zusammenklangs dauert meist nur ein paar Jahrzehnte. Weder die Verfassung einer Republik noch der Glaube an das Recht, weder der Geist des Handels noch die Auflösung stehender Heere können den nächsten Krieg verhindern. Zu vielfältig sind die Handlungsgründe der Menschen, zu vielgestaltig die Anlässe, Ursachen, Ziele und Motive, als daß bewaffnete Konflikte ein für allemal aus der Welt geschafft werden könnten. Wie jedes historische Ereignis ist auch der Krieg nicht durch Ursachen determiniert. Nichts zwingt Völker, Staaten oder Gruppen zur Gewalt. Und nichts kann sie davon abhalten, erneut zu den Waffen zu greifen. Es gibt keine notwendigen Bedingungen für den Ausbruch von Kriegen. Deshalb ist der Frieden niemals sicher.

Demokratien sind keineswegs friedfertiger als Despotien. Im Namen der nationalen Freiheit kämpft es sich ungleich entschlossener als unter dem Banner eines Tyrannen. Wehrhafte Republiken wissen die Tugenden des Krieges seit je zu schätzen. Sie führen auch »gerechte« Angriffskriege und schrecken nicht einmal vor Allianzen mit Despotien zurück, wenn der Erzfeind vor den Toren steht. Demokratien können ihre Arbeits- und Streitkräfte weit wirkungsvoller mobilisieren als Diktaturen, die ihre Truppen mit Zwang ausheben müssen. An Kriegsbegeisterung steht das freie Volk den Untertanen einer Monarchie in nichts nach. Die Herrschaft des Volkes ist kein Stützpfeiler des Friedens. Wie auch sonst gilt im Verkehr der Staaten, Stämme oder Stände: Die Bösen bekämpfen die Bösen; auch die Bösen und Guten bekämpfen einander; doch auch die Guten können einander bekämpfen, da sie niemals vollkommen sind.

Nicht anders verhält es sich mit dem Geist der wirtschaftlichen Zusammenarbeit. Nur wer glaubt, es seien stets ökonomische Gegensätze, welche Kriege hervorriefen, kann dem Irrtum erliegen, durch wirtschaftliche Kooperation ließe sich der Krieg abschaffen. Zusammenarbeit entspringt gegenseitigen Bedürfnissen, Interessen und Notwendigkeiten. Sie ist weder mit friedlichen noch mit feindlichen Absichten verbunden. Enge Handelsverflechtungen können das große Töten nicht verhindern. Die europäische Einigung Westeuropas nach dem Zweiten Weltkrieg ergab sich aus der weltpolitischen Niederlage des Kontinents und aus der atomaren Schirmherrschaft der USA. Politische Schwäche sorgte für den Frieden, nicht die Union der Wirtschaft oder Währung.

Auch in einer gerechten Welt wären die Menschen des Friedens nicht sicher. Gerechtigkeit herrscht dann, wenn jeder nur nach dem verlangt, was ihm zusteht, und wenn er wirklich erhält, worauf er ein Anrecht hat. Dies kann jammervoll wenig sein, weniger, als er braucht, und weniger, als er haben will. Anrechte gründen nicht auf Bedürfnissen oder Bedürftigkeit, sondern auf Leistung und Verdienst. Gerechtigkeit fordert, Gleiches gleich und Ungleiches ungleich zu behandeln. Sie garantiert keine Solidarität, keine Egalität, keine Gemeinschaft und keine materielle Subsistenz. Denn sie nimmt ihren Ausgang nicht in der Umverteilung von Gütern, sondern im sozialen Tausch. Gerechtigkeit ist ein Verhältnis gegenseitiger Schuld. Ihr Prinzip ist die soziale Vergeltung: Alle offenen Rechnungen sind zu begleichen. Eine gerechte Gesellschaft, sollte sie jemals Wirklichkeit werden, wäre daher eine kalte Welt. Niemand übervorteilte den anderen, jeder begliche rechtzeitig seine Schulden. Aber viele blieben auf der Strecke. Sie könnten nur existieren, wenn sie Hilfe jenseits aller Vergeltung erhielten. Auch in einer gerechten Welt wären Konflikte unvermeidlich. Streitigkeiten um die Güterverteilung, um Hilfsleistungen, Schulden und Rückzahlungen wären an der Tagesordnung. Gerechtigkeit ist kein dauerhafter Zustand. Sie muß immer wieder von neuem erstritten werden. Die nationalen, ethnischen oder religiösen Gegensätze, die sozialen Antagonismen und Rivalitäten wären auch in einer gerechten Welt keineswegs aufgehoben. Mit den Prinzipien der Gerechtigkeit sind die Sprengsätze des Krieges nicht zu entschärfen.

Frieden bedeutet nicht Harmonie, Versöhnung oder soziale Gleichheit, sondern Abwesenheit von Krieg und Gewalt. Oftmals wird der Stillstand der Waffen durch Abkommen bestätigt. Aber Verträge können den Frieden mitnichten garantieren. Versprechen können gebrochen, Vertrauen kann enttäuscht werden. Von Dauer sind Friedensverträge nur, wenn die Gegenseite zur Revanche keinen Grund und keine Kraft hat. Sicherer als jeder Vertrag und jede Verständigung ist die Überlegenheit der Macht. Ein Ausgleich der Interessen kann zwar den Willen zur Vergeltung dämpfen, überlegene Macht indes nimmt dem anderen die Fähigkeit zur Attacke. Sie treibt ihm die Angriffslust aus. Ein stabiler Friede ist demnach keine Frage der Wirtschaft, der Gesellschaft oder des Rechts, sondern der politischen Macht. Die Geschichte kennt drei Modelle der Friedenssicherung, die allesamt durch eine besondere Figuration der Macht bestimmt sind: das Universalreich, die Hegemonie und das Gleichgewicht der Kräfte.

Gleichgewicht der Destruktivkräfte

Die Machtbalance nutzt die friedensstiftende Wirkung gegenseitiger Angst. Ruhe und Sicherheit gründen auf dem Gleichgewicht der Destruktivkräfte. Keine Seite kann einen nennenswerten Vorsprung erreichen, ohne selbst ein hohes Risiko einzugehen. Rüstet sich einer zum Krieg, zwingt er die anderen, dasselbe zu tun. Indem sich jeder für den Waffengang vorbereitet, hält er die anderen in Schach und sichert dadurch den Frieden. Denn keiner will den Krieg gegen einen mächtigen Feind wagen. Das Risiko der Verwüstung rechtfertigt keinesfalls den möglichen Nutzen. Nicht Handel oder Vertragsfreundschaft garantieren mithin Sicherheit, sondern die Angst um die eigene Existenz. Wie auf dem Markt jeder seine Interessen verfolgt und dadurch den Wohlstand der Nation fördert, so sorgen Aufrüstung und Abschreckung für ein friedliches Nebeneinander. Kleinere Staaten können sich einer Allianz anschließen und den Schutz des Überlegenen in Anspruch nehmen. Mittelmächte können sich zu einem Bündnis vereinen, um einer Großmacht Paroli zu bieten. Koalitionen sind für das Gleichgewicht der Kräfte häufig unabdingbar. Sie können flexibel auf Asymmetrien reagieren. Umfaßt das Drohsystem nämlich mehrere Parteien, kann der Vorsprung einer Seite ohne Nachrüstung der anderen ausgeglichen werden, wenn nur eine Macht, die bisher mit dem Stärkeren verbündet war, auf Distanz geht und dadurch den Zuwachs egalisiert.

Das Gleichgewicht beruht auf der Glaubwürdigkeit der gegenseitigen Drohungen. Abschreckung ist nur wirksam, wenn die Streitkräfte die Fähigkeit zum Gegenschlag behalten und die Kontrahenten hierüber informiert sind. Hierzu bedarf es unverblümter Entschlossenheit und regelmäßiger Nachrüstung. Fortwährend muß das eigene Drohpotential aufgebessert und öffentlich zur Schau gestellt werden. Abschreckung setzt auf die Angst und Vernunft des anderen. Sie vertraut einer Politik der Risikoaversion. Indem sie die Gefahr in die Höhe treibt, schafft sie Sicherheit. Fast das gesamte 19. Jahrhundert verhinderte das Gleichgewicht der Mächte in Europa einen großen Krieg. Erst als das System auf zwei feindliche Allianzen zusammenschmolz und die Bündnismechanik zu prompten Kriegserklärungen zwang, begann die Katastrophe des Weltkriegs.

Der Kalte Krieg

Sind in einem Drohsystem mehrere Mächte beteiligt, führt einseitige Aufrüstung zwangsläufig in die Isolation. In einer bipolaren Figuration indes, wie sie während des Kalten Krieges herrschte, verschafft militärische Aufrüstung auch zusätzliche politische Macht. Von früheren Konstellationen unterschied sich das Szenario des »Kalten Krieges« jedoch grundlegend. Die Atommächte bedrohten nicht nur die Gegenseite mit dem Tod, sondern auch sich selbst. Vor der Weltöffentlichkeit versprachen sie einander, sich gegenseitig auszulöschen, sollte einer von ihnen zum Angriff blasen. So lehrten sie einander über Jahrzehnte das Fürchten, ohne jemals einen Schuß aufeinander abzufeuern. Indem sie ihn vorbereiteten, vermieden sie den Schlagabtausch. Der Frieden in Europa wurde zwar von einem Klima angstvoller Alarmierung überschattet, aber das Prinzip der Selbsterhaltung sorgte für eine stillschweigende Übereinkunft. Die Supermächte unterstellten einander, daß jeder es mit der Abschreckung ernst meinte und die nötigen Waffen in den Arsenalen bereithielt. Zugleich aber wußten sie, daß keiner seine Drohung wahr machen durfte, wollte er nicht selbst untergehen. Es war diese gemeinsame Überzeugung, die ab und zu atomare Drohgebärden erlaubte. Sie waren kaum mehr als symbolische Testmanöver in einem globalen Machtspiel, dessen Grenzen längst feststanden. Aber sie gingen auf Kosten der Nerven der Bevölkerung.

Im allgemeinen bleibt jedoch nur derjenige auf Dauer glaubhaft, der seine Entschlossenheit von Zeit zu Zeit durch Taten nachweist. Wie aber soll man eine Drohung einlösen, wenn die Tat zur Selbstvernichtung führt? Und wie kann man die Ernsthaftigkeit einer Drohung beweisen, wenn die Probe aufs Exempel ausgeschlossen ist? Zunächst mußte sich jede Macht eine so umfangreiche und unangreifbare Kapazität für den Zweitschlag beschaffen, daß die Gegenseite nicht in die Versuchung geriet, einen präventiven Erstschlag zu riskieren. Doch den letzten Beleg für dieses Potential und die Entschlossenheit, es notfalls einzusetzen, mußten die Atommächte immer schuldig bleiben. Ihr Dilemma bestand nicht in der Unsicherheit, ob der andere im Ernstfall auf den Atomeinsatz verzichten, sondern ob er seine Drohung tatsächlich ausführen würde. Nicht die Bereitschaft zur Unterlassung, sondern zur Tat mußte nachgewiesen werden, um den Frieden zu sichern. Nicht in fehlendem Vertrauen, sondern in der Unausführbarkeit der Drohung lag das Dilemma dieser Konstellation.

Um ihre Glaubwürdigkeit aufzubessern, ließen die Kontrahenten daher konventionelle Ersatzkriege an den Randlagen des Globus führen. Sobald ein Krieg zu eskalieren drohte, wurden die Stellvertreter zurückgepfiffen. Eigene Verbände wurden nur dort eingesetzt, wo vitale Interessen nicht auf dem Spiel standen. Daher rührten die Erklärungsnöte gegenüber der heimischen Bevölkerung, die in den unpopulären Kriegen keinen rechten Sinn zu entdecken vermochte. Gestützt wurde der Glaube an die gegenseitige Kompromißlosigkeit zudem durch verbale Aufrüstung. Wenn die Waffen schweigen müssen, erschallen um so lauter die Worte der Gewalt. Je bohrender die Zweifel, desto imposanter die Fassadenkunst der Paraden, Manöver und Atomtests. Propaganda und Kreuzzugsrhetorik, Schauprozesse und Hexenjagden auf vermeintliche Verräter, all dies wurde für den ideologischen Ersatzkrieg mobilisiert.

Schließlich wechselte man die strategischen Optionen. Um kleine Übergriffe nicht sogleich massiv vergelten zu müssen, wurde die Generaldrohung in flexible Reaktionen aufgefächert, eine Entscheidung, die enorme Nachrüstungskosten nach sich zog. Da sie ihre atomaren Ankündigungen nicht einhalten konnten, mußten beide Parteien ihre taktischen Arsenale aufstocken, um nicht erpreßbar zu werden und den Anschein der Beweglichkeit zurückzugewinnen. Angestrebt wurde die »Eskalationsdominanz«, die Fähigkeit, mittels punktueller Atomschläge den Gegner einzuschüchtern oder zur Unterwerfung zu zwingen. Doch sowenig jemals nachzuweisen war, wie man einen Atomkrieg führen kann, ohne Selbstmord zu begehen, sowenig glaubwürdig fielen die Szenarien für taktische Einsätze aus. Auf einem atomaren Gefechtsfeld hätten die konventionellen Truppen so hohe Verluste erlitten, daß sie den Krieg nicht mehr hätten fortsetzen können.

Weder die Stärkung der militärischen und geistigen Wehrkräfte noch die Ersatzkriege der Stellvertreter konnten das Dilemma des kalten Friedens lösen. Die staatliche Drohung mit Rache und Selbstmord war nie ganz glaubwürdig. Für den Frieden auf dem Kontinent genügte die Vorstellung, daß die atomare Abschreckung ernst gemeint sein könnte. Unter dem Schutzschirm der Bombe erlebte Westeuropa eine einzigartige Epoche der »Wiederkunft«, ein goldenes Zeitalter des Wohlstands und Friedens, ohne Politik auf Leben und Tod.

Hegemonie

Während in einem Drohsystem mehrere Mächte einander gegenüberstehen, liegen in einer Hegemonie die zentralen Gewaltmittel in den Händen einer Supermacht. Dieses Szenario entspricht der Weltlage nach dem Ende des kommunistischen Blocksystems. Die einzige Supermacht, welche den kalten Frieden überdauert hat, sind die USA. Sie sind nicht unverletzbar, aber unbesiegbar. Denn in einer Hegemonie ist das Machtgefälle derart steil, daß die Unterlegenen keine Chance zu aussichtsreicher Gegenwehr haben. Auch gemeinsam sind sie außerstande, den Überlegenen und seine Verbündeten zu stürzen.

Obwohl der Hegemon im Prinzip auf Partner verzichten kann, nutzt er den Vorteil, den jede Bündnispolitik bietet. Alliierte können das Ansehen der Supermacht aufbessern, ihr als Hilfstruppe dienen und ihre Gefolgschaft verbreitern. Dafür erhalten sie Schutz und Sicherheit. Im Ernstfall steht die Führungsmacht ihren Verbündeten zur Seite. Bei Konflikten unter den Vasallen genügt oft schon ein Machtwort. Ein Kleinstaat kann sich unter dem Schutzschild sicher fühlen. So bewahrt die Supermacht ihre Partner zwar nicht vor dem eigenen Zugriff, wohl aber vor dem Angriff der Nachbarn. Dennoch kann sich auch der loyalste Gefolgsmann seiner Vorrechte nie ganz gewiß sein. Auch wiederkehrende Freundschaftsbekundungen garantieren keine Sicherheit. Die Supermacht hält ihre Verbündeten gefügig. Regelmäßig ruft sie ihnen in Erinnerung, daß auch andere ihren Platz einnehmen könnten. Wer es an Treue und Fügsamkeit fehlen läßt, riskiert seine Sicherheit. Weil die Mindermächtigen gegeneinander ausgespielt werden können, ist Demut ein Gebot politischer Klugheit.

Die Friedensmacht des Imperiums beruht auf dem Glauben an eine zivilisatorische Mission, auf ökonomischen Hilfsfonds und auf Institutionen der Bündnispolitik. Ihren uneinholbaren Vorsprung verdanken die USA nicht der imperialen Annexion fremder Territorien, sondern ihrer Wirtschaftskraft, dem Bildungsstand ihrer Bewohner und den technischen Kapazitäten. Zuletzt stützt sich die Hegemonie jedoch auf militärische Stärke. Im Frieden läßt sich Loyalität jedoch leichter durch Verführung als durch Nötigung erreichen. Wohlstand und Moral, Handel und Konsum sind probate Mittel der politischen Befriedung. Prosperität beschäftigt die Menschen mit der Verbesserung ihres Lebensstandards und belohnt Gehorsam mit materiellen Gütern. Ideologien verschaffen das Gefühl, einer Wertegemeinschaft an der Spitze des Fortschritts anzugehören.

Gleichwohl ist der Frieden der weichen Macht brüchig. Im Notfall erweist sich das Militär als die sicherste Bastion. Es schafft Frieden durch Repression und Prävention. Die Drohung mit einer massiven Attacke schreckt mögliche Angreifer ab. Und ein gezielter Präventivschlag beseitigt Gefahren schon im Vorfeld. Obwohl völkerrechtlich umstritten, ist eine frühzeitige Intervention ein probates Mittel umsichtiger Sicherheitspolitik. Die Logik der Prävention entbehrt nicht der Rationalität. Sie vermeidet den Krieg nicht durch dessen Vorbereitung, wie es bei einem Gleichgewicht der Kräfte opportun ist, sondern gemäß der Devise: Wer dem Krieg vorbeugen will, der führe ihn sofort. Abschreckung vertraut noch auf die Einsicht, daß Widerstand zwecklos ist. Soviel Vernunft unterstellt die Prävention nicht. Sie vertraut nur der eigenen Stärke. Sie will den Friedensstörer nicht überzeugen, sondern entwaffnen. Prävention ist ein Verfahren, um den Blutzoll niedrig zu halten. Sie scheitert jedoch, wenn auf der anderen Seite ein Feind steht, der alles riskiert und sich von der fremden Übermacht nicht im geringsten beeindrucken läßt.

Das Weltreich

Bei den Mindermächtigen hinterläßt die Hegemonie das bohrende Gefühl eigener Bedeutungslosigkeit. Besonderer Beliebtheit erfreut sich daher gegenwärtig eine der ältesten Utopien internationaler Sicherheit: die Idee des Weltstaates und des Universalreichs. Sie wird propagiert als Gegenentwurf zur Hegemonie der USA und als vermeintliche Lehre aus dem Jahrhundert der Extreme. Nur ein Universalreich könne, so die Hoffnung, den Weltfrieden garantieren, denn wo zwei herrschen, ist Streit immer möglich. Wo jedoch nur einer regiert, gibt es keine Begehrlichkeit mehr, weil er schon alles hat. Im Weltstaat der Zukunft soll Gewalt durch Recht und Macht durch Konsens ersetzt werden. Ein Bündnis aller soll den Erdball befrieden, die Menschheit mit der Natur versöhnen und jedermann Wohlstand und Gerechtigkeit bringen.

Auf der Suche nach einer harmlosen Weltautorität haben viele Bewohner Europas ihre Hoffnungen auf die Vereinten Nationen gesetzt. Die UN gelten ihnen als Weltstaat in spe, die Generalversammlung als eine Art Weltparlament, ihre Verlautbarungen und Beschlüsse als neues Recht der Völker. Kurzerhand hat man das Modell der repräsentativen Demokratie auf die internationalen Machtverhältnisse übertragen. Wie einst der Bürgerkrieg im parlamentarischen Wortgefecht eingehegt wurde, so sollen sich nun die Völker und Staaten den Spielregeln parlamentarischer Fraktionsarbeit fügen. Aber den UN fehlt die Grundausstattung des kleinsten Zentralstaats. Die Gemeinschaft der Diplomaten kann keine Steuern eintreiben, kein Budget verteilen, keine Rettungseinheiten mobilisieren, keine Streitmacht ins Feld schicken und keine Verbrechen ahnden. Ihre Legitimität ist begrenzt. Sie vertritt weder die Welt noch deren Völkerschaften. Die Mehrzahl stellen Abgesandte von Eliten, welche in ihren Herkunftsländern oft auf fragwürdige Weise zu Geld, Macht und Prestige gekommen sind. Der Anspruch auf das Entscheidungsmonopol über Krieg und Frieden ist durch keine Macht gedeckt. Stets muß die fiktive Weltregierung die Durchsetzung ihrer Entschlüsse in die Hände derjenigen Staaten legen, welche über das nötige Machtpotential verfügen. Nicht wenige Interventionen oder Hilfsaktionen endeten mangels politischer und militärischer Schlagkraft in einem Desaster.

Kaum anders verhält es sich mit der Rhetorik des Rechts. Um der friedlichen Ordnung willen soll sich die Staatsmacht dem Recht des Völkerbundes unterwerfen. Willkür und Mißbrauch sollen durch Regeln verhindert, Dezisionen durch Gesetze und Politik durch Verwaltung ersetzt werden. Doch anders als im heimischen Rahmen ist in internationalen Angelegenheiten die Berufung auf das Recht kaum mehr als eine Fiktion. Eine Idee wird nicht durch ihre Erklärung, sondern allein durch ihre Einklagbarkeit und Durchsetzbarkeit zu Recht. Solange es keinen Weltstaat gibt, der die gesamte Menschheit vertritt und jeden einzelnen Kosmopoliten zu schützen vermag, gibt es Menschenrechte nur auf dem Papier. In der Realität existieren bisher lediglich Bürgerrechte. Nur einzelne Staaten haben die Macht, dem Recht ihrer Bürger auf ihrem Territorium Geltung zu verschaffen. Es ist die Macht, welche das Recht setzt, garantiert oder außer Kraft setzt. So ist die Rhetorik der Menschenrechte kaum mehr als eine moralische Waffe im Kampf um Macht und Einfluß, welche die Weisheit des traditionellen Kriegsrechts zu verdrängen droht. Die bescheidene Vorschrift, daß Krieger die Besiegten schonen sollten, ist weit älter als die Idee, alle Menschen sollten als Gleiche behandelt werden. Das alte Recht wußte zumindest, daß der Krieg ein wiederkehrendes Ritual in menschlichen Gesellschaften ist, das man zwar zeitweilig zähmen, aber nicht abschaffen kann.

Besonders fatal ist die Verwechslung von Macht und Legitimität. Die Utopie des Konsenses möchte Macht und Politik verbannen, den Frieden durch wirtschaftlichen Handel sichern und Entscheidungen dem besseren Argument überlassen. Damit beraubt man die Politik aller Mittel zur Durchsetzung von Regeln und Beschlüssen. Nicht nur die unverzichtbaren Gewaltmittel, auch das gesamte Repertoire an weicher Macht wird verschenkt, sei es Geld, Lob, Anerkennung, Drohung oder Bestechung. Politik erschöpft sich mitnichten in freundlichen Wortgefechten, Expertisen und Erklärungen. Mit Exekutivgewalt schafft sie neue materielle Tatsachen. Die Verwechslung von Politik mit Kommunikation indes liefert die Gesellschaften der Gewalt aus. Militärische Macht ist nicht nur für die Errichtung, sondern auch für die Erhaltung des Friedens unerläßlich. Wenn Demokratien diesen Preis nicht zahlen wollen, bleiben die Tage des Friedens gezählt.

Beschleunigte Staatsbildung?

Die traditionelle Politik der Befriedung stößt an ihre Grenzen, wenn auf der Gegenseite Parteien agieren, die keine Verträge einzuhalten gedenken, sich durch Drohungen nicht abschrecken lassen und die Raison der Macht mißachten. In den Regionen des endemischen Terrors gibt es weder Staaten noch Nationen. Gegen das Regime der Kriegsherren, der Milizen und Banden verfolgt die westliche Außenpolitik gegenwärtig die Strategie der forcierten Staatsbildung. Obwohl die Zeit des Zentralstaates abgelaufen ist und der Terrorkrieg jedes Fundament öffentlicher Politik und Verwaltung ruiniert hat, setzt man noch immer auf den modernen Staat als Hüter der Sicherheit und des Friedens. Man möchte wiederherstellen, was der Terror definitiv zerstört hat. Mehr noch: Der Prozeß des Gewaltmonopols, welcher in Europa Jahrhunderte benötigt hatte, soll nach ein paar Jahren bereits abgeschlossen sein. Mit einer Handvoll Soldaten und Polizisten, Ingenieuren, Ärzten und einer gehörigen Portion gutem Willen soll die historische Zeit beschleunigt werden.

Man weiß nicht, worüber man sich mehr wundern soll: über die Naivität, die historische Ahnungslosigkeit, den politischen Ehrgeiz oder den blinden Voluntarismus? In vager Erinnerung an den Hundertjährigen Krieg oder den Frieden zu Münster verpflichtet man die versammelten Kriegsherren auf einen Generalplan, um ihnen sodann großherzig die nationale Souveränität zu verleihen. Kurzerhand möchte man das westliche Staatsmodell auf das Kosovo, auf Afghanistan, Palästina, Sierra Leone, Somalia oder den Irak übertragen. Wenn nur Straßen und Wasserwerke erbaut und für allgemeine Gerechtigkeit gesorgt sei, dann erledigten sich, so glaubt man offenbar, Gewalt und Terror von allein. Die Befriedung der wilden Kriege plant man als befristete Polizeirazzia, als Sozialreform oder als Aufbauaktion des Technischen Hilfswerks. Mit dem Pioniergeist der Katastrophenhilfe will man neue Staaten erbauen, auch wenn hierzu alle Fundamente fehlen.

Die Kriege der Gegenwart steuern nicht dem Gewaltmonopol entgegen, sondern forcieren den Niedergang des Staates, durch Gewalt und Angst, Patronage, Korruption und Stammesrivalitäten. Dennoch wandert seit den 90er Jahren die Karawane der internationalen Staatskonstrukteure unverdrossen von Land zu Land, fliegt hier und da einen UN-Statthalter ein, läßt Wahlen abhalten und wundert sich, daß es nach der Abreise mit Frieden und Sicherheit nichts

Rechtes werden will. Wo man Truppen stationiert hat, ist das Mandat meist so restriktiv, daß die Blauhelme dem Gemetzel nur zusehen dürfen. Dennoch wird das Vormundschaftsmandat Jahr um Jahr verlängert. Denn der neue Staat ist kaum mehr als ein imperiales Schutzgebiet, in das man Illusionen, große Worte und abgeschriebene Steuergelder investiert. Auch das humanitäre Engagement vieler Helfer wird für das politische Blendwerk ausgebeutet. Am Ende ist das Ergebnis immer dasselbe: schmählicher Abzug oder robustes Protektorat auf Jahrzehnte.

Aussichtsreich wäre der Export des europäischen Staatsmodells nur, wenn eine Nachfrage danach bestünde. Aber die einheimischen Bevölkerungen haben meist wenig Interesse, regelmäßig Steuern zu entrichten, um korrupte Beamte oder Milizen zu bezahlen, von denen sie unterdrückt werden. Eliten und Kriegsherren halten lieber an ihren sicheren Macht- und Einkommensquellen fest, als sich kodifizierten Regeln zu unterwerfen, die sie Geld und Autorität kosten würden. Die Milizionäre ziehen wohlweislich die Freiheiten der persönlichen Gefolgschaft einer militärischen Kontrollhierarchie vor. Auswärtige Hilfsorganisationen stärken nicht die ansässige Verwaltungskapazität, sondern arbeiten oftmals an ihr vorbei. Sie beschäftigen Einheimische als Übersetzer oder Chauffeure und ziehen die fähigsten Beamten auf ihre Seite, indem sie deren Lohn vervielfachen. Auserwählte Günstlinge erleben eine ungeahnte Karriere, solange sie von fremden Helfern und Leibgarden geschützt werden. So hat kaum jemand Bedarf nach einem Staatsimport, außer den internationalen Organisationen, die stets nach einem neuen Betätigungsfeld suchen, um weitere Spenden für ihr eigenes Wachstum einzusammeln.

Die erste Aufgabe des Staates ist die Entwaffnung seiner Untertanen. Ohne Gewaltmonopol ist kein Staat zu machen. Staatsfragen sind Machtfragen. Oft ist Gewalt nur durch überlegene Gewalt auszutreiben. Auf andere Weise läßt sich ein Raum für friedliche Konkurrenz kaum abstecken. Diesen Einsatz scheut die internationale Gemeinschaft jedoch regelmäßig. Beim ersten Anschlag suchen ihre Abgesandten das Weite, weil, wie es heißt, ihre Sicherheit nicht zu garantieren sei. So klagen die Emissäre eine Voraussetzung ein, die sie allererst herzustellen hätten. Lieber träumt die internationale Diplomatie davon, Kriegsherren in gute Demokraten und Milizen in politische Parteien zu verwandeln. Aber eine Macht, die sich nur auf Stimmen und fremdes Wohlwollen stützt, vermag keine Entscheidungen durchzusetzen, keine Verbrechen aufzuklären, keine Straftäter zu verurteilen, keinen Hochverrat zu ahnden. Am Ende wird nur eine Schutzmacht, die im Lande bleibt und den inneren Krieg siegreich beendet, den Einheimischen beim Aufbau eines friedlichen Gemeinwesens helfen können.

XII. Freiheit oder Sicherheit

Als Ende Februar 2005 der amerikanische Präsident für neun Stunden die deutsche Provinzhauptstadt Mainz besuchte, waren die Straßen in der gesamten Region leergefegt. Nirgendwo war ein Passant zu sehen, die meisten Geschäfte waren geschlossen, den Anwohnern wurde empfohlen, die Balkone nicht zu benutzen, um keinen Verdacht zu erregen. Auf den Parkplätzen standen Polizeiwagen und schwarze Limousinen. Tausende von Ordnungshütern und Sicherheitsbeamten hielten die Region besetzt. Sie patrouillierten auf den Brücken, schützten die Uferpromenade, bewachten auf Booten den leeren Fluß. Der Schiffsverkehr war rechtzeitig gestoppt worden. An einigen Straßenecken standen Wasserwerfer und Räumpanzer. Auf die Bahnhöfe verirrten sich nur wenige Reisende. Die Menschen blieben zu Hause. Sie gingen nicht zur Arbeit, nicht zum Arzt, sie kauften nichts ein, besuchten keine Bekannten. Der Verkehr auf den Autobahnen wurde großräumig umgeleitet. Der befürchtete Massenstau im Schneegestöber jedoch blieb aus. Viele Pendler hatten sich einen Tag Urlaub genommen. Das größte Automobilwerk der Region holte die ausgefallene Schicht an einem Wochenende nach. Der zentrale Großflughafen wurde für eine halbe Stunde gesperrt. Helikopter kontrollierten den Luftraum und registrierten jede Bewegung. Auch unter Tage war alles gesichert. Hunderte von Gullydeckeln hatte man vorsorglich verschweißt.

Von einer Stunde zur anderen legten die Vorkehrungen das öffentliche Leben lahm. Es war eine organisatorische Meisterleistung, binnen Minuten den Prozeß der Gesellschaft von Staats wegen abzustellen, ohne direkte Repressalien einzusetzen. Zwar verbreitete sich Unmut in der Bevölkerung, aber letztlich nahmen die Menschen die soziale Pause resigniert hin und warteten ab, bis alles vorüber war. Sicherheit und Schutz waren wichtiger als Jubel und Zustimmung. Der Staat hat seine Untertanen und seine Gäste vor Gewalt zu schützen. Zuerst aber hat er sich selbst und seine höchsten Repräsentanten vor Übergriffen zu bewahren.

Neue Gefahren verleiten zu robusten Maßnahmen. Im globalen Terrorkrieg verschärfen viele Staaten die Sicherheitsvorkehrungen. Sie zielen nicht nur gegen mögliche Angreifer, sondern betreffen auch die Freiheit der Beschützten. Terror nutzt die Freiheiten, welche die Gesellschaft bietet. Offene Grenzen und Räume, diskreter Geldverkehr, Rechtsschutz für Verdächtige, die Freiheit der Information und Versammlung, alle diese Errungenschaften, ohne die eine Demokratie keine Demokratie wäre, gereichen dem Terror zum Vorteil. Er spekuliert darauf, daß das politische Gemeinwesen an seiner eigenen Stärke zugrunde gehen wird. Die Gesellschaft wird, so der Kalkül, in Angst und Agonie verfallen. Da er seine Bürger nicht zu schützen vermag, wird der Staat jegliche Anerkennung einbüßen.

Solange der Terror nicht über die Waffen des totalen Krieges verfügt, ist die Existenz der Gesellschaft jedoch nicht bedroht. Attacken gegen eine Befehls- oder Handelszentrale zerstören nicht die Institution des Staates. Angriffe auf

Schulen, Bahnhöfe oder Restaurants kosten zwar viele Menschenleben und lösen unter den Überlebenden Angst, Wut und Trauer aus. Aber sie können auch den Widerstandsgeist stärken, die Opferbereitschaft und die Courage zur Gegenwehr. Jeder neue Angriff führt vor Augen, was es zu verteidigen gilt: die Lebensform der Freiheit.

Negative Freiheit

Freiheit bedarf der Sicherheit. Freiheit ist stets Freiheit von etwas. Denn Freiheit bedeutet Abwesenheit von Knechtschaft, von Zwang und Bevormundung, von Angst und Gewalt. Sie wird verteidigt, indem man Übergriffen trotzt, fremder Einmischung Schranken setzt und sich vor Gefahren schützt. Jederzeit können Menschen einander gefährlich werden. Neid, Haß und Niedertracht gehören ebenso zu ihrer Grundausstattung wie die Fähigkeit zu Liebe, Treue oder Großmut. Sie können voneinander nicht lassen, aber wohl leiden können sie einander auch nicht. Getrieben von Habsucht, Herrschsucht oder Ehrsucht will sich der Mensch unter seinesgleichen hervortun und fremdes Terrain erobern. In jeder Gesellschaft ist die Freiheit des einzelnen bedroht durch Übergriffe anderer.

Im Alltag sorgt Distanz für die Abwehr fremder Eindringlinge. Das Bestreben, seine Zeitgenossen auf Abstand zu halten, ist seit je ein Zeichen einer freien Kultur. Freiheit ist auch Freiheit vom anderen. Indem der eine sich die anderen vom Leibe hält, bringt er sich in Sicherheit. Damit jeder sein eigenes Leben führen kann, müssen alle anderen daran gehindert werden, jemandem seine Freiheit zu nehmen: durch Grenzmarken, Verbote und Selbstbeherrschung. Um der Freiheit willen unterliegt der Mensch dem Zwang, sich sein Gesetz selber geben und sich in selbstgeschmiedete Ketten legen zu müssen. Im Sozialen kann Disziplin die Anwendung von Macht ersparen.

Häufig wird der Begriff der Freiheit als leere Parole mißbraucht und sein radikaler Sinn verfälscht. Denn das Ideal der Freiheit ist weit weniger populär, als es die übliche Rhetorik vermuten läßt. Der Wunsch, unbehelligt zu bleiben, erfährt viel weniger Zustimmung als das Bedürfnis nach Anerkennung, Versorgung, Schutz und geselliger Eintracht. In vielen westlichen Gesellschaften regiert die Sehnsucht nach Gleichheit und Sicherheit, nicht der Geist der Freiheit. Nach Jahrhunderten staatlicher Obhut können sich viele ein Leben in eigener Regie nicht einmal mehr vorstellen.

Zu Unrecht wird Freiheit mit Demokratie in eins gesetzt. Aber Freiheit erschöpft sich mitnichten im regelmäßigen Wechsel der Eliten durch geheime Wahlen. Freiheit bedeutet auch nicht Herrschaft der Mehrheit oder Gleichheit der Lebenschancen. Die Freiheit einer politischen Ordnung bemißt sich zuerst an der Stärke der Barrieren, die den einzelnen vor den Maßnahmen der Obrigkeit, den Übergriffen der Nachbarn und den Attacken der Feinde schützen. Demokratie hingegen bedeutet Herrschaft der Mehrheit. Von einem Mehrheitsregime, das von den Leidenschaften der Sicherheit beseelt ist, hat die Freiheit nichts zu erwarten. Das Recht aller, über den einzelnen zu bestimmen, hat mit Freiheit nichts zu tun. Zwischen Freiheit und Demokratie besteht kein notwendiger Zusammenhang. Eine demokratische Selbstregierung ist nicht die Regierung eines jeden über sich selbst, sondern jedes einzelnen durch alle übrigen. Demokratien können das Leben ihrer Bürger in unerträglicher Weise einschnüren. Die Mehrheit kann eine Minderheit derart unterdrücken, daß gegen sie Vorsichtsmaßnahmen nötig werden wie gegen Angriffe von außen.

Freiheit erzeugt Unsicherheit. Eine Freiheit, die nicht mißbraucht werden kann, ist keine. Freiheit schließt nicht die Pflicht ein, Gutes zu tun. Vielmehr bietet Freiheit die Chance, Böses zu tun – und dafür die Konsequenzen zu tragen. Untaten sind nicht das Ergebnis der Freiheit, sie sind ihr Beweis. Freiheit ist keine Tugend, sondern die unabdingbare Voraussetzung aller Tugend. So ist Freiheit immer ein riskanter Gewinn. Sie zerstört Sicherheiten und verlangt Initiative. Sie spornt zu Experimenten an, toleriert Dummheiten und Bosheiten, und sie fördert Konkurrenz und Rivalität. Wo die Freiheit regiert, müssen die Menschen ihr Leben selbst führen. Aber nicht wenige fürchten schon die Freiheit der eigenen Meinung. Sie wagen es nicht einmal, beim eigenen Wort genommen zu werden. In einem freien Land darf alles gesagt werden, auch die abseitigste Idee und die übelste Infamie. Eine Zensur findet nicht statt.

Auch im Frieden ist der Schutz der Freiheit eine fortwährende Aufgabe. Die Freiheit des einen endet, wo jene des anderen beginnt. Jedem ist es aufgetragen, seine Freiheit selbst zu verteidigen. Dies verlangt Mut, Entschiedenheit, Streitlust. Daß sich die Individuen ins Gehege kommen, ist unvermeidlich. Aber der Streit wehrt den Übergriff ab. Er begrenzt expansive Gelüste durch Widerspruch und Widerstand. Der Konflikt entspricht der natürlichen Gabe des Menschen, zu den Zumutungen anderer nein sagen zu können. Solange die Verteidigung ohne physische Gewalt auskommt, erspart der soziale Konflikt die autoritative Intervention des Staates. Je mehr die Bürger selbst für den Schutz voreinander sorgen, desto geringer die staatliche Macht. Streit, Gemeinsinn, soziale Kontrolle und Selbstdisziplin sind die sichersten Bollwerke gegen den Zugriff des Sicherheitsstaates.

Ausnahmezustand

In Zeiten des Schreckens ist vieles anders. Tod und Verheerung suchen die Gesellschaft heim. Angst überschattet den Alltag. Die Gesellschaft büßt ihre Fähigkeit ein, selbst für ihre Sicherheit zu sorgen. Sie beginnt sich aufzulösen. Soziale Beziehungen zerbrechen, im Chaos sind viele auf sich allein gestellt. Nicht nur die politischen Institutionen sind gefährdet, sondern auch der soziale Zusammenhalt. Kommt es zum Äußersten, fällt die Gesellschaft in den Naturzustand zurück. Diebe und Plünderer treiben ihr Unwesen, jeder sucht seine Haut zu retten. Mißtrauen und Argwohn greifen um sich. Keiner kann mehr des anderen sicher sein. Recht, Ordnung und Gesetz sind aufgehoben. Die Freiheit droht in Anomie zu versinken.

Beim ersten Anzeichen des Notstands schlägt die Stunde des Staates. Ist er demokratisch verfaßt, sucht er das Leben, das Eigentum und die Freiheit seiner Bürger zu schützen. Um den Zusammenbruch zu verhindern, ruft der Souverän den Ausnahmezustand aus. Er schließt Grenzen und Luftraum, verhängt Ausgangssperren, evakuiert die Bewohner und besetzt bedrohte Gebiete mit dem Militär. Er schließt die Märkte und übernimmt die Verteilung der Güter, später dann auch deren Produktion. Gegen Schwarzhandel werden Razzien angesetzt, gegen Unruhestifter und Plünderer mobilisiert der Staat die Streitkräfte, gegen den Hunger öffnet er die Kornspeicher.

Im Ernstfall sind dem Staat alle Mittel recht. Der Notstand ist die Zeit der Exekutive. Bei Gefahr im Verzuge konzentriert sich auch in Demokratien alle Macht bei der Obrigkeit. Allein die Regierung ist unter hohem Zeitdruck überhaupt aktionsfähig. Die Opposition tritt in den Hintergrund, das Parlament kann später allenfalls ratifizieren, was längst vollstreckt ist. Die Teilung der Gewalten ist aufgehoben. Die Exekutive operiert rasch und nicht selten verdeckt. Gegen die Nachrichtensperre können die Medien wenig ausrichten. Der Souverän ist nicht das Volk, sondern der Staat. Er ruft den Ausnahmezustand aus, und er geht gestärkt aus der Not hervor.

Der Katalog der Maßnahmen ist umfangreich und einschneidend. Er reicht von der Beschlagnahmung von Eigentum und der Zwangsverpflichtung von Hilfskräften über die Suspendierung zentraler Freiheiten bis zu Aktionen unmittelbaren Zwangs. Im Ausnahmezustand gewinnt der Staat an Freiheit, was die Bürger an Rechten verlieren. Zum öffentlichen Wohl handelt die Exekutive nach eigenem Ermessen, ohne Vorschrift des Rechts und manchmal gegen alles Recht. Auch wenn für den Ernstfall eine Sonderverfassung vorgesehen ist, sie ist Makulatur, wenn die Zeit drängt. Not kennt kein Gebot. Sie erkennt kein Recht. Sie setzt sich ihr eigenes Gesetz. Steht die Existenz von Staat oder Gesellschaft in Frage, ist von keinem Gesetz Rettung zu erwarten. Recht und Verfassung können keine Institutionen verteidigen, auf deren Existenz ihre Geltung beruht. Fern davon, ein Tatbestand an der Schwelle des Rechts zu sein, ist der Ausnahmezustand ein genuiner Akt politischer Macht.

Republiken hatten im Notfall bislang drei Antworten parat. Erstens wurden politische Freiheiten eingeschränkt, Wahlen ausgesetzt, Versammlungen und Parteien verboten, Presse- und Meinungsfreiheit beschnitten. An die Stelle der gewählten Regierung trat eine Junta oder ein Diktator. Dieser Weg aus der Krise mündete – wie in Lateinamerika, Ostasien oder der Türkei – meist in Knechtschaft und Repression.

Im zweiten Fall wurden die Sondervollmachten strikt befristet. Die etablierte Gewaltenteilung blieb in Kraft. In der altrömischen Republik wurde ein Diktator nur für die Zeit der Krise, allerhöchstens für sechs Monate ernannt. Am Ende der Amtszeit fiel die Befehlsgewalt wieder an den Senat zurück. Auch wenn einige Rechte zeitweilig aufgehoben waren, blieb das politische Gemeinwesen intakt. Die Interimszeit diente dem Erhalt der Republik. Das Modell der befristeten Diktatur wurde auch von modernen Demokratien aufgegriffen. Während des Sezessionskrieges war der amerikanische Präsident mit Sondervollmachten ausgestattet. Als der Zweite Weltkrieg vorüber war, wurden auch die diktatorischen Befugnisse der britischen und amerikanischen Regierung wieder gestrichen. Mit dem Frieden kehrte die Freiheit wieder. Strikte Limitierung und Kontrolle verhinderten den Absturz in die Illegitimität. Die Amtszeit durfte nicht verlängert, Wahlen nicht ausgesetzt, der politische Wettstreit nicht verboten und die Verfassung nicht außer Kraft gesetzt werden.

Der dritte Weg führt nicht zur Begrenzung der politischen, sondern der persönlichen Freiheiten. Das System der demokratischen Eliteherrschaft bleibt erhalten, aber der Schutz der Wohnung wird aufgehoben, Gespräche werden abgehört, Verdächtige ohne Urteil festgehalten. Im Verhör wird das Recht auf Schweigen mit Drohung und Gewalt gebrochen. Besitz wird konfisziert, Konten werden gesperrt, Feinde und Fremde aus der Rechtsgemeinschaft ausgeschlossen. Ins Visier gerät meist eine Gruppe, eine politische Partei oder eine Religionsgemeinschaft. Zwar ist die Überwachung selektiv, aber sie richtet sich summarisch gegen alle, die der fraglichen Kategorie zugeschlagen werden. Der Notstand hebt die Gleichheit vor dem Gesetz auf. So wurden nach dem Überfall auf Pearl Harbour US-Bürger japanischer Herkunft in Lagern interniert. Nach den Anschlägen von New York nahmen US-Behörden wahllos Muslime in präventiven Gewahrsam. Die Freiheiten der Mehrheit blieben weithin unangetastet, die Minorität jedoch geriet in eine Situation des Generalverdachts.

Trotz kritischer Alarmrufe sind die Demokratien der westlichen Hemisphäre weit entfernt vom drakonischen Regime eines Ausnahmezustands. Der Notstand ist nicht das vorherrschende Paradigma in der Politik der Gegenwart. Dennoch sind Gefahren für die Freiheit unübersehbar. Antiterrorpakete und patriotische Dekrete des Sicherheitsstaates können mit breiter Zustimmung der Bevölkerung rechnen. Der Untertan sucht nicht Schutz vor dem Staat, er sucht Schutz durch den Staat. Im Zweifelsfall verzichten die Bürger lieber auf ihr Wahl- und Versammlungsrecht als auf die Illusion der Sicherheit. Die Freiheit der wenigen kümmert die vielen ohnehin nicht.

Die allermeisten Menschen sind nicht an Recht und Sittlichkeit interessiert, sondern an der Abwehr tödlicher Gefahren. In ihren Augen taugt ein Gesetzeskodex nichts, wenn er nicht ihr Leben schützt. Sicherheit geht ihnen vor Recht. Vor die Wahl gestellt zwischen Überleben und Unfreiheit, verzichtet die Mehrzahl lieber auf ihre verbrieften Freiheiten. Daher neigen Demokratien im Ernstfall zu Überreaktionen. Die Bevölkerung ist erbost, daß die Angreifer die Freiheit für ihr Terrorwerk mißbrauchen. Ohne weiteres ist sie bereit, Verdächtigen die Freiheit zu entziehen, ob sie schuldig sind oder nicht. Sie fordert strengere Gesetze, die auch umgehend erlassen werden. Neue Behörden werden gegründet, die Sicherheitsorgane aufgerüstet. Der Elite erscheinen die politischen Kosten einer Unterlassung weit höher als die Kosten einer Überreaktion. Wer auch nur eine Maßnahme unterläßt, trägt im Ernstfall zwangsläufig eine Mitschuld. In Fragen der nationalen Sicherheit bedeutet die kleinste Unterlassung den sicheren politischen Tod. So fördert die Demokratie selbst den inneren Imperialismus des Maßnahmenstaates.

Gefahren der Vorsorge

In der Regel ist der Notstand befristet und räumlich begrenzt. Er dauert so lange, bis der Sturm vorüber, die Gefahr gebannt und die Toten begraben sind. Dies ändert sich, sobald das Prinzip der Prävention die Oberhand gewinnt. Riskanter als die zeitweilige Freiheitsbeschränkung ist eine langfristige Politik der Vorsorge. Sie schreitet nicht erst ein, wenn der Terror zuschlägt oder unmittelbar bevorsteht, sondern wenn er für möglich gehalten wird. Um von vornherein jeden Notfall zu verhindern, werden die Freiheiten eingeschränkt, bevor sie bedroht sind.

Welche Gefahr tatsächlich bevorsteht, ist ungewiß. Sind die Hinweise dürftig, nennt man die Gefahr »abstrakt«, d. h. keiner weiß, ob und worin sie tatsächlich besteht. Das Wissen der Behörden gelangt nicht an die Öffentlichkeit. Effektive Aktionen geheimer Kommandos sind häufig illegal. Nach dem Kalkül der Geheimdienste sollen die Bürger gar nicht bemerken, welche Gefahr ihnen droht und wie ein Angriff vereitelt wurde. Sie wollen die Gesellschaft vor Panik und sich selbst vor Kritik und Kontrolle bewahren. So bleibt die Definition der Gefahren anfällig für Hysterie und Phantasie. Würde die Nervosität der Exekutive publik, geriete die Gesellschaft in Aufregung. Wird überall kontrolliert, muß die Gefahr überall lauern. Ein Alarm schürt die kollektive Unruhe, ein Fehlalarm erzeugt Mißmut. Wiederholte Fehlalarme stumpfen ab, bis schließlich der echte Alarm gar nicht mehr zur Kenntnis genommen wird.

In einem Klima der Ängstlichkeit werden die Maßnahmen für den Ernstfall nicht nur vorbereitet, sie werden vorab schon ergriffen. Der Sicherheitswahn senkt die Schwelle des Eingriffs und zerstört am Ende die Freiheit. Es ist die erste Aufgabe eines Bürgerstaates, das Leben und die Freiheit zu schützen. Daran sind alle Vorkehrungen zu messen. Maßnahmen, die zerstören, was sie bewahren sollen, sind illegitim, ruinös – und meistens überflüssig.

Sicherheit kostet Freiheit. Nicht alle Eingriffe sind unvermeidlich. Die Überwachung von Datenströmen ist der Preis für den übernationalen Waren- und Finanzverkehr. Die Schleierfahndung ersetzt direkte Grenzkontrollen. Infiltration, Observation, verdeckte Lauschangriffe und Razzien sind unerläßlich zum Aufspüren terroristischer Zellen. Die Vernetzung von Ermittlungsdateien beschleunigt die Reaktionszeit. Die Überwachung öffentlicher Plätze verringert die Anzahl möglicher Tatorte. Exakte Identitätsdaten senken die Wahrscheinlichkeit, daß Unschuldige infolge einer Verwechslung festgehalten werden.

Aktionismus in Situationen extremer Unsicherheit ist jedoch nur zu vermeiden, wenn die Maßnahmen öffentlicher Kontrolle unterliegen und die Angst eingehegt wird. Die dauerhafte Inhaftierung Verdächtiger ohne Gerichtsbeschluß ist weder erlaubt noch zweckmäßig. Ebenso unnütz ist die peinliche Befragung während des Verhörs. Der Schmerz ist der Wahrheit abträglich. Aussagen von Gefolterten sind gefährlich und irreführend. Meist wissen die Mitglieder konspirativer Gruppen nur wenig und können kaum etwas verraten. Andere, die etwas wissen, ertragen die Pein und sagen nichts. Die allermeisten indes kapitulieren. Sie lügen und gestehen Taten, die sie nicht begangen haben, beschuldigen Unschuldige und erfinden Verbrechen, die gar nicht geplant sind. Um der Qual zu entkommen, sagt der Gefolterte alles, was er sagen soll, ob es stimmt oder nicht. So stürzt die Tortur Unschuldige ins Verderben und rettet die Schuldigen, welche dem Schmerz widerstehen.

Die Politik der Vorsorge setzt die Aussicht auf künftige Sicherheit gegen das Risiko des Freiheitsverlustes. Die Bilanz fällt positiv aus, wenn die Freiheit eine verläßliche Grundlage gewinnt. Das Ergebnis gerät ausgeglichen, wenn die Gefahren parallel zu den Freiheiten abnehmen. Negativ fällt die Bilanz jedoch aus, wenn trotz aller Maßnahmen keine Sicherheit erzielt wurde, die Freiheit aber zerstört ist. Dies ist das Szenario der finalen Katastrophe. Sie ist weniger unwahrscheinlich, als es viele Zeitgenossen glauben möchten. Nicht nur die Institutionen der Freiheit sind verletzbar, auch die Existenz der Gesellschaft ist gegenwärtig bedroht. Wie die Geschichte der Staatskonflikte mit der Totalisierung des Krieges endete, so kann auch die Geschichte des Schreckens ihren Abschluß finden in Akten des totalen Terrors.

Totaler Terror

Mit dem Übergang zum Massenterror ist eine epochale Schwelle überschritten. Diskurse über Recht und Politik können zur Bewertung dieser Gefahr wenig beitragen. Massenvernichtungswaffen sind von keiner Verfassung und keinem Gesetz vorgesehen. Anders als im Kalten Krieg, als sich die Atommächte gegenseitig in Schach hielten, sind die Terrorkrieger der Gegenwart durch nichts abzuschrecken. Sie haben nichts zu verlieren, aber alles zu gewinnen. Ihr eigenes Leben zählt nichts, und da sie für niemanden kämpfen, fürchten sie auch keine Strafen für die Staaten und Völker, von denen sie unterstützt werden. Je weniger sie sich verpflichtet fühlen, desto grausamer ihre Entschlossenheit. Die Gefahr des Massenterrors steigt mit der Einsamkeit der Täter. Verhandlungen, Konzessionen oder Vergünstigungen können sie nicht aufhalten.

Akte der Massenvernichtung sind bereits durch gezielte Angriffe auf große Menschenmengen möglich. Attacken gegen Einkaufszentren, Sport- oder Vergnügungsstätten, Bahnhöfe und U-Bahn-Netze, Ölraffinerien oder Chlorgasfabriken können Tausenden das Leben kosten. Ein Anschlag mit Bakterien, Giftgas oder Nuklearstoffen indes wird Zehntausende Menschen töten. Obwohl die Technik kompliziert ist, genügt ein einziger, kombinierter Angriff, um Schaden in einem Maße anzurichten, wie man es allenfalls aus der Zeit des totalen Krieges kennt. Auch die Verhängung des Ausnahmezustands kann die Katastrophe schwerlich eindämmen. Die Hilfskräfte sind außerstande, Ursache und Ausmaß der Verheerung abzuschätzen. Da nur wenige Meßfahrzeuge einsatzbereit sind, ist in der Eile nicht einmal der Tatort präzise zu bestimmen. Verletzte irren umher und wissen nicht, wohin. Die Massenflucht aus der Region überrollt die hastig errichteten Absperrungen. Der Funkverkehr bricht zusammen, Improvisation ersetzt die zentrale Koordination. Weil es an Krankenbetten und Lazaretten fehlt, müssen die wenigen Ärzte die Triage mit Gewalt durchsetzen. Wer keine Überlebenschance hat, wird seinem Schicksal überlassen. Von den anderen können dennoch nur wenige versorgt werden. Zur Entgiftung Zehntausender ist man nirgendwo vorbereitet. Es fehlt an Medikamenten, Informationen, Einsatzkräften und Entscheidungszentren. Denn obwohl in den Stäben hin und wieder ein Planspiel entworfen wurde, hat niemand ernsthaft mit einem Attentat mit Hilfe giftiger Kampfstoffe gerechnet. Die Wirklichkeit des Desasters übersteigt alle Vorstellungskraft.

Auf Jahre wird die Todeszone abgeriegelt bleiben. Entsetzen, Angst und Wut prägen hinfort das öffentliche und private Leben. Wirtschaft und Handel bleiben eine Zeitlang ausgesetzt. Auch wenn die folgenden Attacken weniger Opfer fordern sollten, allein die Möglichkeit eines weiteren Anschlags untergräbt die Grundfesten des Sozialen. Der Lebensraum der Menschen schließt sich. Die Grenzen sind nur nach langwierigen Kontrollen zu passieren, an jeder Straßenecke stehen Wachleute, überall sind Kameras installiert. Geschwader unbemannter Aufklärungsflugzeuge patrouillieren in der Luft. Die Hubschrauber der neuen Schutzbehörde überfliegen die Ballungsgebiete rund um die Uhr. Restaurants, Kinos und Einkaufszentren leeren sich, da die Einwohner die meisten Besorgungen online erledigen. Kaum einer sucht mehr die Stätten der Zerstreuung auf. Wohnungen werden ohne Ankündigung und ohne richterliche Anordnung durchsucht; Verdächtige werden verhaftet und in Sonderlager verbracht. Jedes unbekannte Gesicht erregt Aufsehen und erhöht das Mißtrauen. Obwohl man Militär und Polizei um Zehntausende aufgestockt hat, reicht das Staatspersonal zur sozialen Kontrolle nicht aus. Private Dienste übernehmen die Aufgaben der öffentlichen Sicherheit. Streifen patrouillieren durch die Viertel, Aufseher bewachen die Mietshäuser und überprüfen regelmäßig die Fahrzeuge nach Waffen und Sprengstoff. Villenviertel sind mit Zäunen abgeschirmt, jedem Unbefugten wird der Zugang verwehrt.

Jedes Subjekt besitzt eine biometrische Sicherheitskarte, die ein Foto des Eigentümers, Fingerabdrücke, Iris-Erkennung, Gesundheitsdaten und Identitätsnummer enthält. Funktürme, Drohnen und Satelliten können über Radar diese intelligente Karte dazu veranlassen, ein Signal an den Sender zurückzusenden. Es meldet die Nummer des Ausweises und ermöglicht dadurch dem Prozessor, den Aufenthaltsort zu identifizieren. So kann jederzeit festgestellt werden, wo sich ein Individuum gerade befindet. Niemand kann mehr ohne diese Karte einen Flughafen, einen Bahnhof, eine U-Bahn oder ein Einkaufszentrum betreten.

Die Spirale des Mißtrauens zersetzt die Gesellschaft und ihre Institutionen. Märkte, Handel und Verkehr unterliegen ständiger Beobachtung. Wissen und Forschung werden strikt kontrolliert, Informationen und Meinungen kanalisiert. Wer auf den alten Freiheiten beharrt, macht sich verdächtig. Nach kurzem Zögern hat man Sondergerichte gebildet, die im geheimen arbeiten, um die beteiligten Richter und Anwälte vor Anschlägen zu schützen. Der Kampf um die Sicherheit schlägt um in soziale Verfolgung. Der Staat vermag das Gewaltmonopol nicht zu wahren, die Gesellschaft bewaffnet sich wieder, um gegen mögliche Feinde vorzugehen. Hier und dort kommt es zu Akten öffentlicher Lynchjustiz. Vorsichtig beäugen die Menschen ihre Nachbarn. Die Angst fördert die Denunziation. Immer häufiger hört man nebenan das Quietschen von Bremsen, genagelte Stiefel, die auf die Straße springen, Hundegebell. In der Diktatur der Angst nimmt die Unsicherheit von Tag zu Tag zu. Die Zerstörung der Freiheit schafft neuen Schrecken.

Anmerkungen und Quellen

Zum Erdbeben von Lissabon und seinen intellektuellen Folgen konsultiere man T. D. Kendrick: *The Lisbon Disaster* (London 1956) oder auch W. Breidert (Hg.): *Die Erschütterung der vollkommenen Welt. Die Wirkung des Erdbebens von Lissabon im Spiegel europäischer Zeitgenossen* (Darmstadt 1994). Noch immer lehrreich zur Börsenkrise von 1929 ist J. K. Galbraith: *Der große Crash 1929* (München 1989). Zu Tschernobyl ist heranzuziehen J. Stscherbak: *Protokolle einer Katastrophe* (Frankfurt 1988); International Atomic Energy Agency (Hg.): *One Decade after Chernobyl. Summing up the Consequences* (Wien 1996). Einen detaillierten Bericht über die Attacken des 11. September 2001 geben S. Aust/C. Schnibben (Hg.): *11. September. Geschichte eines Terrorangriffs* (Stuttgart 2002) sowie *The 9/11 Commission Report: Final Report of the National Commission on Terrorist Attacks upon the United States* (Washington 2004). Die Ereignisse aus Sicht des Krisenstabs im Weißen Haus schildert R. A. Clarke: *Against All Enemies: Inside America's War on Terror* (New York 2004).

Die Literatur zu den diversen Lebensrisiken, ihrer individuellen Wahrnehmung, den gesellschaftlichen Folgen und politischen Maßnahmen ist kaum überschaubar. Am instruktivsten waren für mich N. Rescher: *Risk: A Philosophical Introduction to the Theory of Risk Evaluation and Management* (Washington 1983); U. Beck: *Risikogesellschaft. Auf dem Weg in eine andere Moderne* (Frankfurt 1986); N. Luhmann: *Soziologie des Risikos* (Berlin 1991); M. Dougas: *Risk and Blame. Essays in Cultural Theory* (London 1992); W. Bonß: *Vom Risiko. Unsicherheit und Ungewißheit in der Moderne* (Hamburg 1995); J. Adams: Risk (London 1995); P. L. Bernstein: *Against the Gods* (New York 1996). J. Nida-Rümelin: »Ethik des Risikos«, in: *Ethische Essays* (Frankfurt 2002).

Ältere Praktiken zur Ermittlung von Ursachen und Schuldigen beschreiben W. Burkert: *Kulte des Altertums. Biologische Grundlagen der Religion* (München 1998) und E. E. Evans-Pritchard in seiner klassischen Studie: *Witchcraft, Oracles, and Magic among the Azande* (Oxford 1976). Zeiten der Katastrophe sind häufig Zeiten sozialer Verfolgung. Siehe hierzu J. Delumeau: *Angst im Abendland. Die Geschichte kollektiver Ängste im Europa des 14. bis 18. Jahrhunderts* (Reinbek 1989).

Zur unzeitgemäßen Tugend des Mutes vgl. Aristoteles: *Nikomachische Ethik,* 1115a1–1117b17; A. MacIntyre: *Der Verlust der Tugend. Zur moralischen Krise der Gegenwart* (Frankfurt 1995); vorzüglich W. I. Miller: *The Mystery of Courage* (Cambridge/Mass. 2002). Zum Konnex von Risiko, Zufall und Rausch lese man die viel zuwenig beachtete Spielsoziologie von R. Caillois: *Die Spiele und die Menschen. Maske und Rausch* (Frankfurt 1982). Das Abenteuer als außeralltägliche Aktivität untersucht G. Simmel: »Das Abenteuer«, in: *Philosophische Kultur,* Potsdam 1923. Das Abenteuer als Alltagsbeschäftigung studiert E. Goffman: »Wo was los ist –

wo es action gibt«, in: *Interaktionsrituale. Über Verhalten in direkter Kommunikation* (Frankfurt 1971). Den Einfallsreichtum bei der Erzeugung biographischer Unsicherheit beschreiben S. Cohen/L. Taylor*: Escape Attempts. The Theory and Practise of Resistance to Everyday Life* (London 1976).

Zur Geschichte von Lloyd's siehe R. Flower/M. W. Jones: *Lloyd's of London. An Illustrated History* (Newton Abbot 1974); G. Hodgson: *Lloyd's of London. A Reputation at Risk* (London 1984). Den vieldeutigen Begriff der »Versicherungsgesellschaft« verdanke ich F. Ewald: »Die Versicherungs-Gesellschaft«, in: *Kritische Justiz* 22 (1989), sowie ausführlicher F. Ewald: *Der Vorsorgestaat* (Frankfurt 1986) und W. Bonß*: Über das Risiko*, Kap. II.3 (Hamburg 1995). Zur Idee der sozialen Sicherheit nach wie vor F. X. Kaufmann*: Sicherheit als soziologisches und sozialpolitisches Problem. Untersuchung zu einer Wertidee hochdifferenzierter Gesellschaften* (Stuttgart 1973). Bekanntlich wurde in der französischen Revolutionsverfassung von 1793 zum ersten Mal die »Sicherheit« als Grundrecht neben Freiheit, Gleichheit und Brüderlichkeit proklamiert, doch war damit eher die öffentliche Sicherheit als die soziale Versicherung gemeint.

Den Vorfall auf dem Maskenball habe ich dem Ersten Band (1691–1704) der *Memoiren* des Herzogs von Saint-Simon entnommen (Frankfurt 1977). Die Systemtheorie verhandelt das soziale Freiheitsproblem unter dem wenig glücklichen Begriff der »doppelten Kontingenz«. Siehe hierzu T. Parsons: »Interaction: Social Interaction«, *in: International Encyclopedia of the Social Sciences Bd. 7* (New York 1968); N. Luhmann*: Soziale Systeme. Grundriß einer allgemeinen Theorie, Kap. 3* (Frankfurt 1984). Nach der phänomenologischen Sozialtheorie überwindet das Alltagsdenken die soziale Kluft durch die »Generalthese der reziproken Perspektiven«. Vgl. A. Schütz: »Wissenschaftliche Interpretation und Alltagsverständnis menschlichen Handelns«, in: *Gesammelte Aufsätze*, Bd. 1 (Den Haag 1971); A. Schütz/Th. Luckmann: *Strukturen der Lebenswelt* (Neuwied 1975). Zu den kollektiven Bedingungen und Methoden der Situationsordnung vgl. W. Sofsky: *Die Ordnung sozialer Situationen* (Opladen 1983). Den imaginativen Charakter des Sozialen betont I. Tappenbeck: *Phantasie und Gesellschaft. Zur soziologischen Relevanz der Einbildungskraft* (Würzburg 1999). Zur Funktionsweise sozialen Vertrauens lese man die geniale kleine Studie von N. Luhmann: *Vertrauen. Ein Mechanismus zur Reduktion sozialer Komplexität* (Stuttgart 1973). Der Begriff des sozialen Alarmzeichens stammt von E. Goffman: *Das Individuum im öffentlichen Austausch. Mikrostudien zur öffentlichen Ordnung* (Frankfurt 1974). Goffmans Studien bieten zahllose Einsichten in die Fallgruben alltäglicher Interaktionen und die normalen Zwänge sozialer Ordnung. Siehe auch E. Goffman: *Rahmen-Analyse. Ein Versuch über die Organisation von Alltagserfahrungen* (Frankfurt 1977). Zur Einsamkeit als Sozialform vgl. M. Montaigne: *Essais*. Erstes Buch, Nr. 39 (Frankfurt 1999), die entsprechenden Passagen in G. Simmel: *Soziologie. Untersuchungen über die Formen der Vergesellschaftung*, 2. Kap. (Frankfurt 1992), sowie H. P. Dreitzel: *Die Einsamkeit als soziologisches Problem* (Zürich 1970).

Die Tulpenmanie schildert W. Sombart: *Der Bourgeois* (Reinbek 1988). Aus neuerer Sicht vgl. P. M. Garber: »Who put the Mania in Tulipmania«, in: *The Journal of Portfolio Management* Bd. 16 (1989). Die klassische Analyse zum Prozeß der Konkurrenz und schöpferischen Destruktion findet sich bei J. A. Schumpeter: *Kapitalismus, Sozialismus und Demokratie* (Bern 1950). Den lähmenden Effekt des Lohnsystems erörtert M. Walzer: *Sphären der Gerechtigkeit. Ein Plädoyer für Pluralität und Gleichheit* (Frankfurt 1998). Über die Risiken und Wechselfälle des Bankgeschäfts informieren aus origineller Perspektive N. Luhmann: *Die Wirtschaft der Gesellschaft,* Kap. 4 (Frankfurt 1994), und D. Baecker: *Womit handeln Banken? Eine Untersuchung zur Risikoverarbeitung in der Wirtschaft* (Frankfurt 1991). Eine sich selbst erfüllende Prophezeiung beginnt mit einer falschen Definition der Situation, die jedoch ein Verhalten hervorruft, das am Ende die falsche Vorstellung Wirklichkeit werden läßt. Diesen praktischen Sieg des Irrtums bei einem Bankrun untersuchte schon R. K. Merton: »The Selffulfilling Prophecy«, in: *Social Theory and Social Structure* (New York 1957). Zu hohen Kursen wird gegenwärtig die Verhaltensökonomie gehandelt, die von der wenig überraschenden Einsicht ausgeht, daß Menschen sich nicht so rational zu verhalten pflegen, wie es dem homunculus oeconomicus entspricht. Indem man psychologische Experimente auf das Anlegerverhalten überträgt, sucht man eine Erklärung für die alte Frage, warum Menschen Verluste nicht rechtzeitig begrenzen und Gewinne zu früh realisieren. Vgl. z. B. R. H. Thaler: *Advances in Behavioral Finance* (New York 1993). Eine ganz andere Perspektive bietet eine Ethnographie des Wirtschaftshandelns. Zur Börse als Bühne dramatischer Aufführungen vgl. H. Goldinger: *Rituale und Symbole der Börse. Eine Ethnographie* (Münster 2002).

Eine brillante Ideengeschichte zur Angst als Grundlage des Politischen hat jüngst C. Robin vorgelegt: *Fear: The History of a Political Idea* (New York 2004). Zur Geburt des Staates aus der Erfahrung der Angst vgl. man Th. Hobbes: *Leviathan oder Stoff, Form und Gewalt eines kirchlichen und bürgerlichen Staates,* Kap. 17 (Neuwied 1966). Zum Teufelskreis der Gewaltbewältigung durch gewaltfähige Herrschaft siehe H. Popitz: *Phänomene der Macht* (Tübingen 1992). Staatstheorien, welche nur von Legitimität, Diskursen oder Rechtsnormen handeln, sind auf eigentümliche Weise unpolitisch. Sie übersehen regelmäßig die profanen Tatsachen und Prozesse der Macht. Den europäischen Prozeß der Staatsbildung analysieren Ch. Tilly: *The Formation of National State in Western Europe* (Princeton 1975) oder B. D. Porter: *War and the Rise of the State. The Military Foundations of Modern Politics* (New York 1994). Über Aufstieg und Niedergang der Staatsgewalt informieren umfassend W. Reinhard: *Geschichte der Staatsgewalt. Eine vergleichende Verfassungsgeschichte Europas von den Anfängen bis zur Gegenwart* (München 1999); M. v. Creveld: *The Rise and Fall of the State* (Cambridge 1999); W. Blockmans: *Geschichte der Macht in Europa. Völker, Staaten, Märkte* (Frankfurt 1998). Die moderne Disziplinarmacht zielt nicht nur auf die innere Umformung der Subjekte, sondern immer auch auf die Kontrolle sozialer Räume. Vgl. M. Foucault: *Überwachen und Strafen. Die Geburt des Gefängnisses* (Frankfurt 1976).

Die Flucht der Unionsarmee bei Bull Run erlebte als Augenzeuge der erste moderne Kriegsreporter W. H. Russell: *Meine sieben Kriege* (Frankfurt 2000). Vgl. auch W. C. Davis: *Battle at Bull Run* (Garden City, N. Y. 1977). Der Krieg ist die größte von Menschen gemachte Katastrophe. Zugleich ist er das Ereignis, über das die größten Illusionen in Umlauf sind. Regelmäßig werden die Gründe und Pläne, aber auch die Lenk- und Vermeidbarkeit eines Waffengangs überschätzt. Große Kriege bedürfen weder großer Ideen noch großer Interessen. Für Verlauf und Ausgang einer Schlacht ist der Zufall manchmal wichtiger als die technische Ausrüstung, die Organisation oder die Kampfbereitschaft. Angesichts der Banalität der Motive und Triebkräfte erscheinen die Folgen freilich um so erschreckender. Einen kurzen Überblick zur Geschichte des Krieges geben G. Parker (Hg.): *Warfare. The Triumph of the West* (Cambridge 1995); J. Keegan: *A History of Warfare* (New York 1993) oder M. Howard: *War in European History* (Oxford 1976). Eine politische Kriegsgeschichte anhand der wichtigsten Schlachten bietet das monumentale Werk von H. Delbrück: *Geschichte der Kriegskunst im Rahmen der politischen Geschichte* (Berlin 2000). Die für das kurze Zeitalter des Staatenkrieges einflußreichste Theorie ist zweifellos C. v. Clausewitz: *Vom Kriege* (Bonn 1980). Die scharfsinnigste Erörterung strategischer Dilemmata bietet E. Luttwak: *Strategie. Die Logik von Krieg und Frieden* (Lüneburg 2003). Eine Typologie von Kriegsformen unternimmt T. v. Trotha: »Formen des Krieges. Zur Typologie kriegerischer Aktionsmacht«, in: S. Neckel/M. Schwab-Trapp (Hg.) *Ordnungen der Gewalt* (Opladen 1999). Zum Kriegsrecht vgl. M. Howard u. a. (Hg.): *The Laws of War. Constraints of Warfare in the Western World* (New Haven 1994). Zum totalen Krieg sind besonders die Beiträge aus dem Umkreis der Tagungen des Washingtoner Deutschen Historischen Instituts hervorzuheben. S. Förster: »Das Zeitalter des totalen Krieges, 1861–1945. Konzeptionelle Überlegungen für einen historischen Strukturvergleich«, in: *Mittelweg 36*, 8 (1999/2000); R. Chickering/S. Förster (Hg.): *Great War – Total War, Combat and Mobilization on the Western Front, 1914–1918* (Cambridge 2000) und zuletzt R. Chickering/S. Förster/B. Greiner (Hg.): *A World at Total War: Global Conflict and the Politics of Destruction, 1937–1945* (Cambridge 2005).

Zu den diversen Formen des Terrorismus vgl. W. Laqueur: *Die globale Bedrohung. Neue Gefahren des Terrorismus* (München 2001); B. Hoffman: *Terrorismus – der unerklärte Krieg.* (Frankfurt 1999); P. Waldmann: *Terrorismus. Provokation der Macht* (München 1998). Zu den poststaatlichen Kriegen vgl. bereits das hellsichtige Buch von M. v. Creveld: *The Transformation of War* (New York 1991). Creveld hat schon frühzeitig die Kriegsformen analysiert, die in Europa mit gewisser historischer Verspätung als »neue Kriege« wahrgenommen werden. Für diese wilden Kriege, die nicht nur mittels Anschlägen, sondern auch mit Geiselnahmen, Razzien, Erpessungen, Massakern, Raubzügen und anderen Gewaltformen geführt werden, hat sich mittlerweile der Begriff des »asymmetrischen Krieges« eingebürgert. Besonders prononciert verwendet H. Münkler diesen Terminus: *Die neuen Kriege* (Reinbek 2002) oder auch: »Symmetrische und asymmetrische Kriege«, in: *Merkur* 664 (2004). Danach gilt ein Krieg dann als symmetrisch, wenn er von gleichartigen Akteuren wie z. B. staatlichen Armeen geführt wird. Dieses Kriterium ist jedoch weniger trennscharf, als es zunächst den Anschein hat. Ein Patt der Destruktivkräfte zwischen ungleichartigen Gegnern wäre danach asymmetrisch, während ein »neuer Krieg«, wie derjenige zwischen bosnischen Serben und Muslimen, zwischen albanischen und serbischen Milizen, zwischen den Gefolgsleuten zweier afghanischer Warlords oder zwischen verfeindeten Clans in Sierra Leone ein symmetrischer Krieg wäre, obwohl er in seinem Verlauf, seiner Regellosigkeit und seiner Brutalität alle Merkmale eines »neuen Krieges« aufweist. Um die neue Epoche der Kriegsgeschichte zu charakterisieren, erscheint daher der Begriff des »Terrorkrieges« plausibler. Er geht von dem Kriterium aus, daß trotz gleichartiger Kontrahenten in den neuen Kriegen meist gar keine Kämpfe mehr stattfinden, da einseitig die diversen Mittel des Schreckens eingesetzt werden. So martialisch sich die »Kämpfer« darzustellen pflegen, der Krieg der Marodeure kennt in Wahrheit gar keine Krieger, sondern nur Täter und Opfer. Vgl. hierzu ausführlicher W. Sofsky: *Zeiten des Schreckens. Amok – Terror – Krieg* (Frankfurt 2002). Zur Geschichte der Selbstmordattentäter sei verwiesen auf die exzellent informierten Studien von Ch. Reuter: *Mein Leben ist eine Waffe. Selbstmordattentäter – Psychogramm eines Phänomens* (München 2002) sowie J. Croitoru: *Der Märtyrer als Waffe. Die historischen Wurzeln des Selbstmordattentats* (München 2003).

Zu einer früheren Diagnose des Verhältnisses zwischen Guten und Bösen vgl. Augustinus: *De Civitate Dei XV, 5.* Die liberale Illusion, wonach Kriege durch Handel und Demokratie zu vermeiden seien, wird demontiert von P. Kondylis: *Das Politische im 20. Jahrhundert. Von den Utopien zur Globalisierung* (Heidelberg 2001). Zu warnen ist vor der sozialharmonischen Umdeutung des Friedensbegriffs. Frieden wird nicht durch sozialen Ausgleich, Verteilungsgerechtigkeit, juristische Konventionen, Wertekonsens oder menschenfreundliche Einstellungen garantiert, sondern durch Macht. Die beliebte Vorstellung, Frieden sei erst in einer gerechten Gesellschaft zu erreichen, verschiebt den Stillstand der Waffen auf das Ende der Geschichte. Die entscheidende Differenz besteht jedoch darin, ob die Waffen sprechen oder schweigen, ob Menschen verletzt und getötet werden oder nicht. Eher zurückhaltend sollte man auch die Allerweltsvokabel »Gerechtigkeit« benutzen, die nur zu gern als politische Kampfparole mißbraucht wird. Je enger die Extension des Begriffs, desto präziser bekanntlich sein Inhalt. Gerechtigkeit bedeutet weder Gleichheit noch Brüderlichkeit, sondern die Äquivalenz von Gabe und Gegengabe. Die grundlegenden Alternativen internationaler Friedensordnungen finden sich bereits bei L. Dehio: *Gleichgewicht oder Hegemonie. Betrachtungen über ein Grundproblem der neueren Staatengeschichte* (Krefeld o.J.). Das Restrisiko des Kalten Krieges lag nicht bei den zentralen Entscheidungsträgern in Moskau und Washington, sondern bei gefährdeten Verbündeten und subalternen Militärs. Während der Kuba-Krise war Castro zu einem sozialistischen Himmelfahrtskommando bereit, ebenso Mao und Kim Il Sung während des Koreakrieges. Damals forderte auf der Gegenseite auch MacArthur den Einsatz von Atomwaffen, wie später Berry Goldwater und Admiral Radford in Vietnam. Während des Jom-Kippur-Krieges machte Israel seine Sprengköpfe scharf, weil es befürchtete, überrannt zu werden. Von der üblichen antiamerikanischen Polemik setzt sich wohltuend ab U. Speck/N. Sznaider (Hg.): *Empire Amerika. Perspektiven einer neuen Weltordnung.* (München 2003). Eine knappe Charakterisierung der hegemonialen Machtfiguration findet sich bei W. Sofsky: *Operation Freiheit. Der Krieg im Irak* (Frankfurt 2003). Die Vorstellung, Europa könne mit der Hegemonialmacht USA gleichziehen und zusammen mit China eine multipolare Ordnung großer Regionalreiche etablieren, ist so naiv wie kurzsichtig. Sie verkennt nicht nur die Labilität solcher Ordnungen, sondern auch die inneren Formierungszwänge. Europa müßte massiv aufrüsten, nationale Differenzen einebnen und den Lebensstandard seiner Gesellschaften erheblich einschränken, um überhaupt politisches Gewicht jenseits moralischer Waffen zu erlangen. Da man diese Konsequenzen scheut, träumen manche lieber vom baldigen wirtschaftlichen Zusammenbruch der westlichen Führungsmacht. Instruktiv zum Problem der forcierten Staatsbildung: M. Ignatieff: *Empire lite. Nation Building in Afghanistan, Kosovo and Bosnia* (New York 2003); F. Fukuyama: *State-Building. Governance and World Order in the 21st Century* (Ithaca 2004); R. Paris: *At War's End: Building Peace After Civil Conflict* (Cambridge 2004); J. Mueller: *The Remnants of War* (Ithaca 2004).

Zur Freiheit als Abwehr fremder Willkür vgl. I. Berlin: *Freiheit. Vier Versuche* (Frankfurt 1995), F. A. v. Hayek: *Die Verfassung der Freiheit* (Tübingen 1971) und bereits J. S. Mill: *On Liberty* von 1859. Umsichtige Erörterungen zu akuten Sicherheitsproblemen findet man bei M. Ignatieff: *The Lesser Evil. Political Ethics in an Age of Terror* (Princeton 2004). M. Freedman: *Freedom or Security. The Consequences for Democracies using Emergency Powers to Fight Terror* (Westport, Conn. 2003). Belanglos hingegen das modische Gerede vom Ausnahmezustand als politischem Regelfall bei G. Agamben: *Ausnahmezustand* (Frankfurt 2004). Wer, wie Agamben, eine Verbindungslinie zwischen Guantánamo und Auschwitz zieht, verfügt offenbar weder über historische Maßstäbe noch über politische Urteilskraft. Hierzu in der nötigen Deutlichkeit W. Laqueur: »Der Notstand ist da«, in: *FAZ* vom 23.4.2003. Zur akuten Gefahrenlage vgl. auch P. Berman: *Terror und Liberalismus* (Hamburg 2004), W. Laqueur: *Krieg dem Westen. Terrorismus im 21. Jahrhundert* (Berlin 2003); G. Allison: *Nuclear Terrorism. The Ultimate Preventable Catastrophe* (New York 2004).

Nachwort

Seit sie die Erde bevölkern, sind Menschen damit beschäftigt, sich in Sicherheit zu bringen – vor Raubkatzen und Höhlenbären, vor Feuer und Wasser, vor Feinden, Fremden und falschen Freunden. Neben Freude, Trauer und Wut gehört die Angst zu den machtvollsten Triebkräften in der Geschichte des Gattungswesens. In Zeiten der Gefahr rückt diese Tatsache wieder stärker ins Bewußtsein. Zwar sind die goldenen Jahrzehnte nach dem letzten großen Krieg schon eine Weile vorüber, aber die Fähigkeit der Zeitgenossen ist kaum gewachsen, Unsicherheiten zu ertragen, Risiken zu nutzen und neuen Gefahren ohne Illusionen zu begegnen.

Ich danke Karin Hartewig und Rainer Paris für kritische Lektüre und Kommentare. Eine frühere Fassung des Essays ist in der Schriftenreihe der Vontobel-Stiftung erschienen. Für die Drucklegung wurde der Text aktualisiert, erweitert und mit Anmerkungen versehen.

W. S. Göttingen, Mai 2005

Wolfgang Sofsky

Die Ordnung des Terrors: das Konzentrationslager

Band 13427

»Das Konzentrationslager gehört in die Geschichte der modernen Gesellschaft. Auf den Schlachtfeldern der Massenkriege wurde die Vernichtungskraft moderner Technik erprobt, in den Schlachthäusern der Konzentrationslager die Zerstörungsmacht moderner Organisation.«

Wolfgang Sofsky

»... ein unverzichtbares Standardwerk.«

Jan Philipp Reemtsma, Die Zeit

»... ein Buch, das unsere Kenntnis vom Wesen menschlicher Natur, der Organisation von Herrschaft, der Ausübung von Gewalt wesentlich bereichert.«

Wolfgang Benz, Der Spiegel

Fischer Taschenbuch Verlag

fi 13427 / 1

Wolfgang Sofsky

Traktat über die Gewalt

Band 16855

Gewalt stiftet Kultur. Weil Menschen verletzlich und sterblich sind, weil sie sich von ihren Mitmenschen bedroht fühlen, verabreden sie, auf Gewalt als Mittel der Selbsterhaltung zu verzichten. Und trotzdem läßt sich die Geschichte menschlicher Vergesellschaftungen auch als Katastrophengeschichte lesen: Was Gewalt verhindern sollte, beschwört sie herauf. Kultur stiftet Gewalt. Wolfgang Sofskys ›Traktat‹ widmet sich diesem scheinbaren Paradoxon, nicht mit Thesen, sondern in der Form dichter Beschreibungen verschiedener Gewaltszenarien.

Fischer Taschenbuch Verlag

fi 16855 / 1

Wolfgang Sofsky
Traktat über die Gewalt
Band 16855

Gewalt stiftet Kultur. Weil Menschen verletzlich und sterblich sind, weil sie sich von ihren Mitmenschen bedroht fühlen, verabreden sie, auf Gewalt als Mittel der Selbsterhaltung zu verzichten. Und trotzdem läßt sich die Geschichte menschlicher Vergesellschaftungen auch als Katastrophengeschichte lesen: Was Gewalt verhindern sollte, beschwört sie herauf. Kultur stiftet Gewalt. Wolfgang Sofskys ›Traktat‹ widmet sich diesem scheinbaren Paradoxon, nicht mit Thesen, sondern in der Form dichter Beschreibungen verschiedener Gewaltszenarien.

Fischer Taschenbuch Verlag

fi 16855 / 1